대학생을 위한
소통의 글쓰기

• 지은이

송재일　공주대학교 국어교육과 교수
박수현　공주대학교 국어교육과 교수
정형근　공주대학교 대학교육기획단 교수
송주영　공주대학교 기초융합교육원 강의교수
차순정　공주대학교 기초융합교육원 강의교수
조현서　공주대학교 기초융합교육원 강의교수

대학생을 위한
소통의 글쓰기

초판 1쇄 발행　2017년 2월 28일
초판 3쇄 발행　2019년 3월 20일

저　　자　송재일·박수현·정형근·송주영·차순정·조현서
펴 낸 이　박찬익
편 집 장　권이준
책임편집　강지영

펴 낸 곳　㈜**박이정**
주　　소　서울시 동대문구 천호대로 16가길 4
전　　화　02) 922-1192~3
팩　　스　02) 928-4683
홈페이지　www.pjbook.com
이 메 일　pijbook@naver.com
등　　록　2014년 8월 22일 제305-2014-000028호

ISBN　979-11-5848-287-9 (03710)

* 책값은 뒤표지에 있습니다.

대학생을 위한 소통의 글쓰기

송재일 | 박수현 | 정형근 | 송주영 | 차순정 | 조현서 지음

디지털 글쓰기

정서 표현의 글쓰기

학술적 글쓰기

(주)박이정

CONTENTS

제 1 장
글쓰기의 목표와 의의

1. '대학 글쓰기'의 목표

(1) 왜 글을 쓰는가

대학에서 왜 글쓰기를 해야 하는가? 초 · 중 · 고 공통 '국어'의 쓰기와 고등학교 작문 영역에서 이미 글쓰기를 배웠다. 그럼에도 불구하고 우리나라 대부분의 대학에서 공통 기초 교과목으로 글쓰기를 설강하고 있다. 대학에서의 글쓰기는 다양한 주제 및 유형의 글을 수용하고 생산하는 활동을 통해 학문의 기초 능력, 능동적이고 효과적인 소통 능력을 기르고 합리적 의사소통 역량을 함양하는 데 목적이 있다.

우리의 시대는 개인적 판단과 가치 존중의 정적 측면과 지식 및 정보 처리의 지적 측면의 두 특징을 가지고 있다. 개인적 판단과 가치 존중의 정적 측면에서 볼 때, 우리는 다양성 속에서 개성이 존중되고, 미래 사회에서 민족 공동체 구성원으로서의 기본적 자질을 갖춰야 한다. 지식 및 정보 처리의 지적 측면에서 4차 산업 시대를 살아가는 현대인은 삶의 필수 기능인 지식 정보를 수집, 정리, 보관, 인출, 활용, 적용하는 지식 및 정보처리 능력을 갖추어야 한다. 글쓰기는 이처럼 우리 시대에 필요한 의사소통 능력, 문제 해결 능력, 사고 능력, 대인 관계 능력 등을 함양할 수 있다.

글쓰기는 글을 통해 사고나 주장, 느낌, 경험을 표현하고 공유하는 행위이다. 대학생은 글쓰기를 통하여 정보를 분석 · 종합 · 비판하여 새로운 의미를 구성할 수 있다. 이를 통해 자신의 사고나 느낌, 경험을 구체화할 수 있고, 이를 타인에게 효과적으로 전달하여 사회적 협력을 이끌어 낼 수 있는 능력을 갖출 수 있다. 대학생들은 문자 언어, 기호와 매체 등을 활용하여 사고와 느낌, 경험을 표현하거나 이해하면서 의미를 구성하고 자아와 타인, 세계의 관계를 점검 · 조정하는 의사소통 역량을 길어야 한다. 따라서 대학생들은 글쓰기의 원리와 과정, 다양한 종류의 글쓰기 이론을 체계적으로 익히며 바람직한 글쓰기 태도를 갖추고, 글쓰기의 실제를 통하여 대학 글쓰기의 목적과 의의를 달성할 수 있다.

(2) 소통과 학문 기초를 위한 글쓰기

'대학 글쓰기'에서 추구하는 첫 번째 능력은 소통 역량이다. 성공적인 대학 생활과 예비 사회인으로서 갖추어야 할 능력은 공동체·대인 관계, 문화 향유, 자기 성찰·계발 등의 역량이다. 대학생은 장차 우리 사회의 리더로서 공동체의 가치와 공동체 구성원의 다양성을 존중하고 상호 협력하며 관계를 맺고 갈등을 조정하는 공동체·대인 관계 역량을 길러야 한다. 그리고 대학생은 글쓰기를 통해 국어로 형성·계승되는 다양한 문화를 이해하고 그 아름다움과 가치를 내면화하여 수준 높은 문화를 향유·생산하는 능력인 문화 향유 역량을 함양해야 한다. 또한 자신의 글쓰기 표현 과정과 결과를 점검하고 조정하는 과정을 통해 삶의 가치와 의미를 끊임없이 반성하고 탐색하며 변화하는 사회에서 필요한 재능과 자질을 계발하고 관리하는 능력으로써 자기 성찰·계발 역량을 길러야 한다.

'대학 글쓰기'에서 추구하는 두 번째 능력은 학문의 기초로 갖추어야 할 비판적·창의적 사고, 자료·정보 활용, 의사소통 등의 역량이다. 대학생은 기본적으로 학문을 수행하기 위해서는 다양한 자료, 글을 주체적인 관점에서 해석하고 평가하여 새롭고 독창적인 의미를 부여하거나 만드는 능력으로 비판적·창의적 사고 역량을 길러야 한다. 대학에서 전공 학문을 효율적으로 익히기 위해서는 필요한 자료나 정보를 수집·분석·평가하고 이를 효과적으로 활용하여 의사를 결정하거나 문제를 해결하는 능력으로써 자료·정보 활용 역량을 갖추어야 한다.

2. '대학 글쓰기'의 성취 기준과 태도

'대학 글쓰기'는 글쓰기의 원리와 과정, 방법 등에 대한 이해를 바탕으로 실제로 다양한 유형의 글을 써 보는 데 중점을 둔다. 학생들이 실제 삶과 대학 생활에서 다양하게 접하는 정보를 전달하는 글, 설득하는 글, 정서를 표현하는 글 등을 효과적으로 쓸 수 있는 역량을 길러야 한다. '대학 글쓰기'가 성취해야 할 기준은 학문 활동을 수행하는 데 필요한 기초 역량을 기르고, 의사소통과 자아 인식의 관계, 사회적 상호 작용으로서 글쓰기의 역할을 이해하고 의사소통에 반영하는 것에 중점을 둔다.

글쓰기 활동을 통해 자신이 무엇을 인식하고 중요하게 여기는지를 사고하고, 개인 간 관계 형성, 유지, 발전이 가능함을 인식하는 것도 무엇보다도 중요하다. '대학 글쓰기'는 글쓰기에 대한 지식을 이해하는 데 그치지 않고 학생이 실제 쓰기 활동에 참여함으로써 글쓰기의 본질에 대해 이해해야 한다. 글쓰기 활동 과정을 통해 대학 학문 활동 수행에 필요한 역량을 기르고, 긍정적 자기표현으로 자아 성장과 공동체의 현안이나 쟁점에 대한 다양한 쓰기 활동에 참여하여 공동체 발전에 기여할 수 있다. 또한 일상생활이나 사회생활에서 직면할 수 있는 다양한 의사소통 상황을 제시하여 글을 쓸 때는 주제, 목적, 독자(작문 관습 포함), 매체, 글의 유형(문서 양식 포함) 등 고려해야 할 사항에 대하여 파악한다.

대학에서 학문 활동을 효율적으로 수행하기 위해서 필요한 것은 수집한 정보의 가치를 판단하여 선별, 조직함으로써 정보 전달력이 높은 글을 쓰는 능력이다. 이를 위해서는 정보의 가치를 판단하는 기준을 정하여 가치 있는 정보를 선별하고 이를 범주화하여 내용을 조직하고 다양한 방법으로 자료를 수집하여 정보를 전달하는 글을 쓰도록 한다. 수집한 논거의 타당성, 신뢰성, 공정성 여부를 판단하고, 주제, 목적, 독자를 고려하여 적절한 설득 전략을 활용하도록 한다. 시사 현안이나 쟁점에 관한 글을 쓸 때는 글의 주제를 여러 관점에서 살펴본 후 자신의 관점을 수립하여 씀으로써 경험과 사고를 확장하고 논리적, 비판적 사고력을 신장할 수 있다. 시사 현안이나 쟁점을 다양한 관점에서 충분히 분석한 후 자신의 관점을 정하고, 그 관점에 따라 의견이나 주장, 견해가 명료하게 드러나도록 글을 써야 한다. 그 과정에서 자신이 선택하지 않은 관점의 단점이나 약점, 문제점을 근거를 들어 비판할 수 있어야 한다. 논증을 바탕으로 한 설득하는 글쓰기는 타당성, 신뢰성, 공정성을 갖춘 논거를 활용하고, 효과적인 설득 전략을 활용해야 한다.

또한 대학 생활에서 길러야 할 글쓰기 역량은 정서적 자기표현의 능력이다. 일상에서 얻게 된 생각이나 느낌 등을 진솔하게 표현함으로써 긍정적 자아개념을 형성하고, 독자에게 즐거움과 감동을 줄 수 있음을 이해하며 정서를 표현하는 글을 쓰는 태도를 기르기 필요가 있다. 경험에서 얻은 정서를 과장이나 왜곡 없이 진정성 있게 표현할 때 독자의 공감을 얻을 수 있다.

그러나 무엇보다도 글쓰기 활동 과정에서 의미 있는 배움이 일어나려면 학생들이 자기 주도적으로 수업에 참여하여야 한다. '대학 글쓰기'가 어쩔 수 없이 이수해야 하는 필수과목이라는 인식에 그치면 학생들은 글쓰기에 흥미를 느낄 수 없으며, 수업에 몰입하여 유의미한 언어 사용 경험을 쌓을 수 없다. 글쓰기 자체가 과중한 부담이라고 생각하지 말아야 한다. 글쓰기는 '즐거운 창작 과정'이라는 생각을 가지고 있어야 이 과목의 수업을 부담 없이 즐길 수 있다. '대학 글쓰기'를 성공적으로 이수하려면 학생 스스로 자신의 수업 활동을 점검하고, 수업을 창의적으로 주도하고 참여하는 동기를 높여야 한다. 글쓰기 수업을 할 때는 자신의 경험과 생각을 성찰하고 상호 소통하는 가운데 인성을 기르며, 자신에게 글쓰기가 내면화되도록 한다. 그리고 학생들은 쓰기의 준비 및 수행 과정에서 어떤 기능이나 전략을 사용했으며 어떤 어려움을 겪었는지 등을 스스로 파악해야 한다. 글쓰기 학습을 할 때는 지엽적인 지식이나 세부적인 기능, 전략에 매몰되지 않고 온전한 한 편의 글을 생산하는 데 주력하면서 실제 삶과 관련이 있는 언어활동을 수행하도록 한다.

한편, 글쓰기를 통해 언어 공동체 구성원으로서 의사소통 윤리를 준수하고 의사소통 문화의 발전을 모색하는 태도를 기른다. 작문 활동에서 진정성과 책임감이 중요함을 이해하고 사회적 영향력을 고려하여 의사소통하도록 해야 한다 자신의 글이 지니는 사회적 영향력을 인식하고 독자를 배려하며 윤리적인 언어활동을 하는 태도를 길러야 한다. 글로 옮길 때 상대방에게 피해를 줄 수 있는 표현을 삼가며 타인의 생각, 글 등이 지적 재산에 포함된다는 점을 이해하고, 지적 재산의 가치를 인식하고 이를 존중하는 태도를 갖추어야 한다. 특히 인용과 표절의 의미를 구분하고, 적절한 방법으로 다른 사람의 글을 인용하도록 하며 다른 사람의 지적 재산을 훼손하지 않도록 한다.

다음 글에서 글쓰기의 중요성을 다시 한 번 생각해 보자.

하버드大 글쓰기 수업, 1:1로 혹독하게 가르쳐
- 글 잘 쓰는 人材 키우는 美대학들

미국 대학들은 글쓰기를 매우 강조하고 있다. 대부분 대학에 '글쓰기 센터(Writing Center)'가 있어 학생들에게 글쓰기 교육을 체계적으로 시킨다. 그중 하버드대의 글쓰기 교육은 혹독하기로 유명하다. 모든 학생이 의무적으로 글쓰기 수업을 들어야 하고, 대부분 과목에서 글쓰기 숙제를 내준다. 글쓰기 센터에서는 학부, 대학원 학생들을 위해 단계별로 다양한 글쓰기 교육 프로그램을 제공하고, 1대1 첨삭도 철저하게 해준다. 매사추세츠공대(MIT) 역시 학생들에게 글쓰기를 강조하고 있다.

미국 대학들이 이렇게 글쓰기를 강조하는 것은 글쓰기가 깊이 있게 사고하는 창의적인 인재를 양성해 국가 경쟁력을 높인다는 믿음 때문이다. 하버드대 낸시 소머스 교수가 신입생들의 글쓰기 경험을 조사한 연구에서 학생들은 "글쓰기가 깊이 있는 생각을 하게 했다"고 밝혔다. 이 연구에서 한 학생은 "만약 글을 안 썼다면 그냥 정보만 가득 집어넣었다는 느낌이 들었을 것 같다. 글 쓰면서 생각하고, 남과 다른 내 의견을 말해 보는 기회도 가졌다"고 말했다. 1996년 노벨 의학상을 받은 피터 도허티 교수도 "과학을 연구하려면 글을 쓸 줄 알아야 한다. 글을 잘 쓰는 사람은 생각도 명확해 연구를 더 잘한다."고 말했다.

글쓰기가 중요하다는 인식은 대학 졸업 후에도 계속되는 것으로 나타났다. 하버드대 로빈 워드 박사가 1977년 이후 하버드를 졸업해 40대에 접어든 졸업생 1600명을 대상으로 '당신의 현재 일에서 가장 중요한 것이 무엇인가'를 물었는데, 90% 이상이 '글쓰기'라고 답했다. 그만큼 사회에 나가서도 글쓰기 능력이 중요하다고 느끼는 것이다.

– 출처 : 「조선일보」, 2017.01.14.

3. 좋은 글의 요건

좋은 글이란 읽으면 알 수 있고, 읽을 맛이 나야 하며, 읽을 만한 가치가 있는 것을 말한다. 그러므로 좋은 글이란 작가의 동기와 의도에 맞도록 정확한 어휘로 표현해야 한다.

그렇다고 그럴듯한 말들로 엮어진 미문(美文)을 뜻하는 것이 아니다. 진솔하고 성실한 내용을 담고 있고, 글로서 제대로 형식을 갖고 있다면 좋은 글로서 조건을 갖추었다고 할 수 있다.

와트(Watt, William W.)는 「미국문장론」에서 좋은 문장의 요건으로 ① 내용성, ② 독창성, ③ 정직성, ④ 성실성, ⑤ 명료성, ⑥ 경제성, ⑦ 정확성, ⑧ 타당성, ⑨ 일관성, ⑩ 자연성 등을 들고 있다. 이를 간단히 요약해 보자.

(1) 내용성(Content)

글은 무엇보다도 내용이 충실해야 한다. "If you have nothing to say, don't say it."라는 말처럼 부질없이 긴 글을 써 놓았어도 담긴 내용이 공허하거나 무의미한 것이면, 그런 글은 쓸 필요가 없다. 그는 "In good writing the 'what' is as important as the 'how'."라고 말하고 있다.

(2) 독창성(Originality)

독창성이란 개인이 갖는 창의적 능력을 뜻한다. 글은 어느 특정한 개인이 쓰므로, 그 개인의 경험과 지식, 상상력이 그의 인성에 작용하여 표현되는 언어능력의 창의적 실현이 곧 문장을 쓰는 행위다. 사물을 새롭게 본다는 관점의 독창성이 중요하다. 이를 위하여, 인생 체험을 목적으로 탐험가처럼 나서는 길이 있고, 늘 보아 온 세계에 새로이 눈을 돌리는 방법이 있다. 독창성이란 그만큼 새로운 것의 제시, 곧 참신성을 위한 노력을 전제로 한다.

글의 내용이 독창적이냐 아니냐 하는 것은 소재의 독창성보다 더욱 중요하다. 아무리 진부한 소재라도 쓰는 이의 관점에 따라 얼마든지 독창적 내용으로 변용될 수 있기 때문이다. 사물의 본질에 관하여 새로운 관점을 갖는다는 것, 창조적 인식에 도달한다는 것은 그런 상태를 표현할 언어의 발견을 동시에 요구한다.

1) 제목의 독창성

「병신과 머저리」(이청준), 「피카소와 개구리」(홍성원), 「오분간」(김성한), 「방망이 깎던 노인」(윤오영), 「바보네 가게」(박연구), 「꼴지에게 갈채를」(박완서)

2) 제재, 주제의 독창성

예시 1 / '나무'

① 나무는 뿌리, 줄기, 잎으로 된 식물
② 나무는 땔감, 가구, 연모의 재료
③ 나무는 덕을 지녔다. (이양하 수필 「나무」)
④ 종일토록 하느님을 보며 무성한 팔을 들어 기도한다. (미국 Kilmer Joyce의 「나무」)
⑤ 너의 머리는 파아란 하늘에 젖어 있다.(김현승 시 「플라타나스」)

예시 2 / '소'

① 들판의 나무 그늘에 등을 구부리고 누워서 한가히 낮잠을 자는 양은 천하를 다스리기에 피곤한 대인이 쉬는 것 같아서 좋고... 짐을 지고 가는 양이 거룩한 애국자나 종교가가 창생을 위하여...
　　　　　　　　　　　　　　　　　　　　　　　　　　　　　− 출처 : 이광수, 「牛德頌」에서
② 소는 식욕의 즐거움조차를 냉대할 수 있는 지상 최대의 권태자다. 얼마나 권태에 지질렸기에 이미 위에 들어간 식물을 다시 게워 그 시금털털한 ...
　　　　　　　　　　　　　　　　　　　　　　　　　　　　　− 출처 : 이상, 「권태 5」에서

(3) 정직성(Honesty)

정직성이란 자신의 독창적인 글인가, 남이 쓴 글의 일부인가, 개념의 인용인가를 분명히 밝히는 태도를 말한다. 솔직하게 자신의 생각으로 허심탄회하게 쓰면 된다. 이것은 현란한 수식어와 다변으로 자신을 드러내는 사람보다 더듬거리는 눌변으로 자신을 겸허하고 정직하게 전달하는 사람에게 더 호감이 가는 것과 다를 바 없다.

(4) 성실성(Sincerity)

성실성이란 자기다운 글을 정성스럽게 쓰는 것을 뜻한다. 마음에도 없는 글, 자신의 글이 아닌 설익은 문장으로, 자기의 교양 있고 유식하며 사려 깊음을 과시하고 허세를 부리게 되는 경우도 있다. 정성을 기울여 문장을 짓는 것이 더 중요하다. 수사의 기교만 유난하다 보면 내용이 허실하여 內虛外華한 글이 되기 쉽고, 내용에만 집착하다 보면 수사의 묘가 결여되어 읽을 마음이 없어진다. 그러므로 내용과 형식, 사상과 기교는 둘이며, 하나의 것이다. 잘 쓴 문장은 그야말로 "금실로 수놓아 전혀 흔적이 없는"(축금결수이무흔적, 蹙金結繡而無痕迹)경지에 이르러야 된다.

(5) 명료성(Clarity)

명료성이란 '글이 지닌 의미의 선명함'을 말한다. 무엇을 쓰고 있는가를 분명히 알 수 있도록 쓴 글이라야 잘 쓴 문장이다. 어느 문장이 불명료한 까닭은 다음의 두 가지로 요약된다. 첫째, 하나는 서술의 특수화가 이루어지지 않은 까닭이다. 일반적 추상적인 이야기만 나열해서는 무엇을 말하는지 이해하기가 어렵게 된다. 둘째, 잘못된 문장구성에 그 까닭이 있다. 글의 기본 단위는 문장이고, 문장의 통일성 있는 집합이 단락이며, 단락의 통일된 집합이 글이다. 문장과 단락, 그리고 글 전체는 서로 유기적인 관계를 맺고 있어야 한다.

(6) 경제성(Concision)

최소한의 노력으로 최대한의 효과를 얻고자 하는 경제의 원리는 문장에도 적용된다. 필요한 자리에서 필요한 만큼의 말만 쓰는 것이 문장의 경제성이다. '필요한 말을 필요한 곳에서 필요한 만큼 하라'는 것은 일상 대화나 문장에 다 소용되는 금언이다. 그러나 필요한 상술과 수식, 효과 있는 반복 등에 인색한 것과 경제성은 별개의 문제다. 문장은 필요한 말을 필요한 만큼 부려 써서 필요한 만큼의 길이로 끝나야 한다.

(7) 정확성(Correctness)

정확성은 글을 적절한 어휘로써 어법과 기타 부대조건에 맞게 쓰는 것을 말한다. 그런데 표준 어법, 맞춤법, 띄어쓰기, 구두점 찍기 등을 정확히 알고 문장에 실제 적용하는 의미의 정확성은, 학력이 높아질수록 소홀히 하고 있는 것이 우리의 실정이다. 철자 하나 잘못 적었다고 C학점을 준 미국의 어느 작가 교수가 있었다. 이것은 너무 가혹하다기보다 유창을 문장을 위한 기본이 된다는 점에서 정확성은 강조되어 마땅하다. 이것은 기본 질서에 대한 훈련에 익숙한 사람만이 자유인이 될 수 있다는 말과 같은 이야기일 것이다.

(8) 타당성(Appropriateness)

타당성이란 문맥상으로 문장이 시점, 독자, 목적 등의 기준에 맞게 써야 함을 말한다. 시점은 작중화자의 인칭을 기준으로 한다. 소설에서 시점은 가장 두드러지나, 담화문이나 논설문에서도 시점은 역시 중요하다. 누가 읽게 될 것인가? 이것은 글을 쓰는 이의 중대한 관심사다. 전달의 문장이면 독자를 철저히 고려해야 한다. 동창회 소집의 글이면 학창 시절의 옛 친구며, 신문 기사라면 문맹이 아닌 모든 국민이 독자다. 추도사라면 모인 사람이 고인의 가족, 친척, 친구, 스승, 제자 등 여러 층의 사람이므로 그에 맞춰 글을 써야 할 것이다. 어린이를 독자로 하는 동화, 동극 등의 주제가 거의 권선징악인 것도 독자의 타당성을 배려한 결과이다.

글을 쓰는 목적은 서술의 양상에 따라 다르다. 설명, 논증, 서사, 묘사의 어느 양식이냐에 따라 달라진다. 그 나름의 다른 기법을 요구한다. 설명하는 글은 철저히 객관적으로 사물의 '무엇이 어떠함'을 알리는 것이 목적이므로 주관적인 생각은 배제된다.

(9) 일관성(Consistency)

일관성은 글의 시점, 난해도, 형식적 요건 – 어조, 문체, 내용 등이 일률적인 것을 뜻한다. 일관성은 단락을 이루는 여러 문들이 긴밀한 결합력을 갖고 있는 기본 성질을 뜻한다. 단락 내부의 문들은 한 단락을 지배하는 일정한 일관된 질서와 그에 맞는 논리성에 따라 유기적 관련을 가진 구조라야 하기 때문이다. 다시 말하면, 하나의 단락은 문의 무의미한 혼집이 아니라 문의 일관성 있는 집합이라는 것이다.

(10) 자연성(Naturalness)

글은 자연스러워야 한다. 자연스러움은 문장의 흐름이 순탄한 동시에 거슬리는 어구가 없어 이해하기에 순조로운 것을 뜻한다. 지나치게 기교를 부리거나 현학적인 냄새를 풍기려다가 부자연스러운 문장을 쓰기 쉽다. '자연스러움'이란 '가식이 없음'을 말한다. 문장에서 억지로 꾸며 돋보이게 하려 할 때, 부자연스러워지며 오히려 진실성이 사라지게 된다. 영작문을 해서 미국인에게 보여주면 문법적으로 틀린 곳이 없는 데도 잘못된 문장임을 지적하는 경우가 있다. 그 까닭은 대개 문법적으로 틀린 것이 아니라 문장이 자연스럽지 않다는 것이다.

다음으로 좋지 않은 글은 어떤 것인가를 알아보자.

① 무엇을 썼는지 알 수 없거나 알 수는 있어도 재미가 없는 글
② 재미있게, 멋지게 썼구나 싶은데, 마음에 느껴지는 것은 없는 글
③ 누구나 다 알고 있는 것을 알고 있는 그대로만 쓴 글
④ 자기 생각은 없고, 남의 생각이나 행동을 흉내 낸 글
⑤ 쓰라고 해서 할 수 없이 마음에도 없이 억지로 쓴 글
⑥ 사실이 아닌 거짓을 쓴 글
⑦ 생활이 없는 글. 곧, 머리로 꾸며 만든 글
⑧ 꼭 하고 싶은 말이 무엇인지 갈피를 잡을 수 없도록 쓴 글

좋은 글의 요건을 정리하면 다음과 같다.

① 내용이 진술해야 한다.
② 생각과 느낌이 독창적이어야 한다.
③ 전체적인 체계가 논리적이어야 한다.
④ 부분적 표현이 정확하고 참신해야 한다.

좋은 글을 쓰기 위해서는 먼저 "내가 글을 잘못 쓰고 있지 않은가"하는 불안감을 버리고 짧은 글이라도 자기 생각을 글로 써 보자. 글의 주제에 관해 주위 사람들과 미리 이야기해 보고, 글을 쓸 때 자신이 잘 알고 있는 쉬운 부분부터 글쓰기 시작하자. 글을 쓰기 힘든 이유가 무엇인지 하나씩 스스로 따져 보자. 그리고 글에 대한 자신감과 즐거움을 갖는다. 체험의 영역을 넓히고 많은 글을 읽어서 깊이 생각하고 절실하게 느낀다.

특히 논리적인 글을 쓸 때는 목표를 잘 세워야 한다. 왜 글을 쓰는지, 무엇을 위해 쓰는지, 누가 읽을 것인지를 분명히 인식해야 한다. 글을 쓰기 전에 자료를 풍부하게 준비해야 한다. 실제로 글을 쓸 때 필요한 바른 문장을 쓰는 능력을 키우고 글의 장르와 성격에 맞게 쓰는 법을 익혀야 한다. 글을 쓰면서 주제와 논점이 무엇인가를 점검해야 하며, 다 쓰면 정성을 다해 글을 다듬어야 한다.

1 '대학 글쓰기' 수업을 통해 무엇을 얻을 것인지, 어떤 자세로 수업에 임할지에 대해 생각
  해 보시오.

제 2 장

글쓰기의 기초

1. 어휘와 표기의 정확성

현재 우리가 쓰고 있는 한글맞춤법은 1988년에 제정되어 1989년부터 시행되고 있는 것으로 1933년에 '조선어학회'에서 제정한 '한글 맞춤법 통일안'과 '사정한 조선어 표준말 모음(1936)'을 기반으로 몇 번의 개정을 고쳐서 수정·보완된 것이다. 일상 생활에서 맞춤법에 어긋나거나 비표준어를 사용하는 경우 정확한 의사소통이 어려울 수 있다. 따라서 국립국어원에서는 한글맞춤법과 표준어 사정 원리를 명시해 두고, 개정이 필요한 표준어는 사정회의를 거쳐 공고한다. 이 장에서는 국립국어원에 올라온 빈도수 높은 어문규정의 문의내용을 통해 정확하고 올바른 표현을 익히도록 한다.

(1) '우레'입니까, '우뢰'입니까?

'우레'가 표준어다. 예전에는 '우뢰(雨雷)'로 쓰기도 했는데 이는 우리말 '우레'를 한자어로 잘못 인식하여 적은 것이다. '우레'와 같은 의미인 '천둥'도 표준어다.

(2) '그러고 나서'와 '그리고 나서'라는 표현 중 어느 것이 맞는 표현인지요?

'그러고 나서'가 맞는 표현이다. '그러고 나서'는 동사 '그러다'에 '-고 나서'가 연결된 말인데 '-고'는 연결 어미이고 '나서'는 동사 '나다'에 '서'가 붙은 활용형이다. 이때의 동사 '나다'는 본동사 다음에 쓰여 뜻을 더해 주는 보조동사다. 이처럼 '-고 나서'는 '먹고 나서', '자고 나서', '씻고 나서'와 같이 동사에 연결되어 동작의 완료를 나타낸다.

(3) "○○ 가슴이 두근거린다."라고 할 때 '왠지'로 써야 하는지 아니면 '웬지'로 써야
　하나요?

　'왠지'로 써야 한다. '왠지'는 의문사 '왜'와 어미 '(이)ㄴ지'로 분석되는 말이다. "왜인지 가
슴이 두근거린다."가 성립하므로 '왠지'로 적는 것이 옳다. 이와는 달리 "ㅇ일이니?, ㅇ 떡
이지?"와 같은 경우는 '웬'으로 써야 한다. 이때는 이유를 묻는다기보다는 어떻게 된 일인
지, 어떻게 생긴 떡인지를 묻고 있다. 뒤에 명사나 명사구가 오면 '웬'을 쓴다고 할 수 있다.
"웬 험상궂은 사람이 나를 따라오더라."

(4) '쌍둥이, 쌍동이' 가운데 어느 것이 맞습니까?

　'쌍둥이'가 맞다. '-둥이'는 어원적으로 '童'에 '-이'가 붙은 '-동이'로 '아이'를 가리키는
말이었다. 그러나 지금은 그 어원에서 멀어져 '-동이'가 변한 '-둥이'가 하나의 접미
사로 굳어져 널리 쓰이고 있다.

(5) '셋째'와 '세째' 중 어느 것이 표준어입니까?

　'셋째'가 표준어다. 예전에는 차례를 뜻하는 '세째'와 수량을 나타내는 '셋째'를 구분하여
썼다. 하지만 언어 현실에서 이와 같은 구분이 인위적이라고 판단하여 《표준어》제6 항에
서는 이를 하나로 통합하였다. '제2, 제3, 제4'와 같이 차례의 뜻을 나타내든지, '두 개째,
세 개째, 네 개째'와 같이 수량의 뜻을 나타내든지 '둘째, 셋째, 넷째'의 한 가지 형태만
표준어로 규정한 것이다.

(6) '設立年度, 一次年度' 등을 두음 법칙에 맞게 적으려면 '년도'로 적어야 하는지,
　'연도'로 적어야 하는지 알려 주십시오.

　'설립연도', '일차연도'가 맞다. 《한글 맞춤법》제10 항에는 한자음 '녀, 뇨, 뉴, 니'가 단
어 첫머리에 올 적에는 '여, 요, 유, 이'로 적고, 단어의 첫머리가 아닐 경우에는 본음대로
적도록 하고 있다. 또한 '新女性, 空念佛, 男尊女卑'와 같이 접두사처럼 쓰이는 한자가 붙
어서 된 말이나 합성어에서는 뒷말의 첫소리가 'ㄴ' 소리로 나더라도 두음 법칙에 따라 '신
여성, 공염불, 남존여비'로 적도록 규정하고 있다.

(7) '노동량'입니까, '노동양'입니까? 그리고 '일양'입니까, '일량'입니까?

'노동량'과 '일양'이 맞다. '량'은 한자어 다음에, '양'은 한자어를 제외한 고유어와 외래어 다음에 결합하는 특징이 있다. (작업량, 부담량 / 구름양, 알칼리양)

(8) "서 돈짜리 금"은 "세 돈짜리 금"이라고 해야 하는 것이 아닌지요?

'서 돈'이라고 하는 것이 맞다. 《표준어》제17 항에서는 단위 명사 '돈', '말', '발', '푼' 앞에서는 '서[三]'와 '너[四]'가 쓰임을 밝히고 있다. 한편 '냥', '되', '섬', '자' 등의 단위 명사와 함께 쓰일 때에는 앞에서와는 달리 '석'이 표준어다. 한 가지 주의할 점은 위에서 언급한 단위 명사 외에는 특별한 규정이 있는 것이 아니라서 '커피 석 잔' 또는 '커피 세 잔' 둘 다 맞는 표현이라고 할 수 있다.

(9) '밖에'의 띄어쓰기에 대해 알고 싶습니다.

"돈이 천 원밖에 없다."의 '밖에'는 앞말에 붙여 쓰지만 "대문 밖에 누가 왔다."의 '밖에'는 앞말과 띄어 쓴다. '밖에'는 조사인 '밖에'가 있고 명사 '밖[外]'에 조사 '에'가 결합한 '밖에'가 있다. 조사 '밖에'가 쓰일 때는 서술어가 부정을 나타내는 말들이 온다.

(10) "너는 예의가 발라서 마음에 든다."의 표현이 옳은 것입니까?

"그 학생은 예의가 발랐다."와 "너는 예의가 발라서 마음에 든다."가 맞는 표현다. '바르다'는 '르'불규칙 용언이므로 '-아, -어' 앞에서 '르'가 'ㄹㄹ'로 바뀌고 '바르다'는 '발라서, 발랐다'로 활용한다.

(11) '초가집'이라고 하지 않고 '초가'라고만 해야 하지 않습니까?

'초가집'과 '초가' 둘 다 가능하다. '초가'의 '家'에는 '집'의 의미가 들어 있다. 따라서 '집'을 덧붙여 '초가집'이라고 하면 이미 '초가'에 들어 있는 '집'의 의미와 중복된다. 기존의 단어 구성에서 의미가 잘 드러나지 않을 때 그 의미를 보완하기 위해 같은 의미의 고유어 성분을 덧붙이는 경우는 흔히 있는 일이다.

(12) '웃어른'이라고 해야 합니까, '윗어른'이라고 해야 합니까?

'웃어른'이 표준어다. 《표준어》제12 항에서는 '위-아래'의 대립이 있을 때는 명사 '위'에 맞추어 '윗-'으로 통일하고 '위-아래'의 대립이 없을 때는 '웃-'으로 적도록 규정하고 있다. 이 규정에 따라 '윗니(아랫니)', '윗도리(아랫도리)', '윗목(아랫목)' 등이 표준어다. 한편 '윗옷'과 '웃옷'은 서로 구분되는 말인데 '아래-위'의 대립이 있는 '윗옷'은 '상의(上衣)'를 가리키는 말이고, '아래-위'의 대립이 없는 '웃옷'은 '겉옷', '외투'를 가리키는 말이라고 할 수 있다.

(13) "책상 위에 책들을 쭉 ○○ 놓았다."에서 '벌여'가 맞습니까, 아니면 '벌려'가 맞습니까?

'벌여'가 맞다. '벌리다'에는 '사이를 넓히거나 연다'는 뜻이고 '벌이다'는 '일을 계획하여 시작하거나 펼쳐 놓다'는 뜻이다. 특히 '벌이다'를 써야 할 자리에 '벌리다'를 잘못 쓰는 일이 많으므로 주의해야 한다. '잔치를 벌리다', '논쟁을 벌리다'가 대표적인 예다. '잔치를 벌이다', '논쟁을 벌이다'가 맞는 말이다.

(14) "착한 사람이 돼라."라고 말할 때 '돼라'가 맞습니까, '되라'가 맞습니까?

'돼라'가 맞다. '돼라'는 '되-'에 '-어라'라는 어미가 결합하여 준 말이다. 《한글 맞춤법》제35 항 [붙임2]에는 'ㅚ' 뒤에 '-어, -었-'이 아울러 'ㅙ, '으로 될 적에는 준 대로 적는다고 나와 있다. 이 규정에 따라 '되어, 되어서, 되어야, 되었다'가 준 말은 '돼, 돼서, 돼야, 됐다'와 같이 적는다. '되'인지 '돼'인지 구분하기 어려울 때에는 그 말을 '되어'로 대치할 수 있는가 살펴보면 된다. '뵈다'와 '쐬다'도 '-어'와 어울리면 '봬', '쐐'가 된다.

(15) '숟가락'의 받침은 'ㄷ'으로 적고 '젓가락'의 받침은 'ㅅ'으로 적는 까닭은 무엇입니까?

'젓가락'의 받침을 'ㅅ'으로 적는 것은 '젓가락'이 사이시옷이 들어간 말이기 때문이다. '젓가락'은 '저(箸)+ㅅ+가락'과 같이 분석된다. 울림소리인 '-어' 뒤에서 안울림소리인 'ㄱ'이 된소리로 발음되기 때문에 사이시옷을 넣었다. 이와 달리 '숟가락'은 '술'(밥 한 술)과가락'의 결합으로 끝소리인 'ㄹ'이 딴 말과 어울려 'ㄷ'소리로 나기 때문에 '숟가락'으로 적는 것이다. '반짇고리(바느질+고리), 사흗날(사흘+날), 이튿날(이틀+날)' 등.

(16) "이 책을 부모님께 받칩니다/받힙니다/바칩니다." 중에서 어느 것이 맞는 표현입니까?

"이 책을 부모님께 바칩니다."가 맞다. '받치다'와 '받히다'는 서로 뜻을 구별해서 써야 하는 말이다. '받치다'는 '받다'에 강세를 나타내는 접미사 '-치-'가 결합한 말이고, '받히다'는 '받다'에 피동접미사 '-히-'가 결합해서 만들어진 피동사이다. '받치다'에는 '우산이나 양산 등을 펴 들다', '밑에서 괴다'라는 의미가 있다.

(우산을 받치다 / 자동차에 받히다 / 나라와 겨레를 위하여 목숨을 바쳤다.)

(17) '부치다'와 '붙이다'의 차이점을 알고 싶습니다.

'붙이다'는 '붙다'에 사동의 의미를 더하는 파생접사 '-이-'가 결합한 단어다. '부치다'도 역사적으로는 '붙이다'와 어원이 같지만 원래의 의미가 남아 있지 않아서 소리대로 표기한다. (이 일은 힘에 부치는 일이다. 소포를 부치다. 원고를 인쇄에 부쳤다. / 봉투에 우표를 붙였다. 자꾸 이러저러한 조건을 붙인다. 취미를 붙이다.)

(18) '생각하건대'의 준말은 '생각건대'와 '생각컨대' 중 어느 것이 맞습니까?'

'생각건대'가 맞는 말이다. 'ㅇㅇ하다'가 줄어들 때는 '하'가 통째로 줄어드는 경우와 '하'의 'ㅏ'만 줄고 'ㅎ'이 남아 다음 음절의 첫소리와 결합하는 경우가 있다.

    ㄱ. 거북하지 → 거북지, 답답하다 못해 → 답답다 못해, 깨끗하지 않다 → 깨끗지 않다

    ㄴ. 간편하게 → 간편케, 다정하다 → 다정타, ㄷ. 흔하다 → 흔타

'하다' 앞의 받침이 'ㄱ, ㄷ, ㅂ'로 소리가 날 경우에는 '하'가 통째로 줄고 그 외의 울림소리일 경우에는 'ㅎ'이 남아 다음 음절의 첫소리가 거센소리가 된다.

(19) "병식이가 집에 ○○."라고 할 때 '간데'인지, '간대'인지 궁금합니다.

　"병식이가 집에 간다고 해."의 의미이므로 '-대'를 써서 '간대'라고 해야 합니다.

　　ㄱ. 그 영화 참 재미있는데. / ㄴ. 그 영화 참 재미있대.

　ㄱ은 화자가 직접 그 영화를 보고 "그 영화 참 재미있더라."라는 뜻으로 말하는 것이고, ㄴ은 화자가 그 영화를 보지 못하고 다른 사람으로부터 들은 대로 "그 영화 참 재미있다고 하더라."라는 뜻으로 말하는 것이다.

(20) '-던지'와 '-든지'의 차이는 무엇입니까?

　'든지'는 "어느 것이 선택되어도 차이가 없는 둘 이상의 일을 나열함을 나타내는 보조사"이다. 이때의 '든지'는 '든'으로 쓸 수 있다. "배든지 사과든지 마음대로 먹어라." 또한 "나열된 동작이나 상태, 대상들 중에서 어느 것이든 선택될 수 있음을 나타내거나 실제로 일어날 수 있는 여러 가지 중에서 어느 것이 일어나도 뒤 절의 내용이 성립하는 데 아무런 상관이 없음을 나타내는 연결 어미"로 쓰이기도 한다. "가든지 오든지 마음대로 해라."

　반면에 '-던지'는 막연한 의문이 있는 채로 그것을 뒤 절의 사실이나 판단과 관련시키는 데 쓰는 연결 어미다. "그날 저녁 누가 왔던지 생각이 납니까" "얼마나 울었던지 눈이 퉁퉁 부었다."

(21) 형용사에 부사화 접미사 '-이-, -히-'가 붙는 경우

　〈한글 맞춤법〉 제6장 그 밖의 것, 제51항에서 "부사의 끝음절이 분명히 '이'로만 나는 것은 '-이'로 적고, '히'로만 나거나 '이'나 '히'로 나는 것은 '-히'로 적는다."라고 규정하고 있다. 그러나 위의 규정은 모호하게 해석될 수도 있다. 이에 따라 다음과 같은 문법적인 기준에 의해 일차적으로 구분을 한다.

　1) '-이'로 적는 경우

　　ㄱ. 간간이, 겹겹이, 나날이, 짬짬이 (첩어 명사 뒤)
　　ㄴ. 남짓이, 버젓이, 번듯이, 지긋이 ('ㅅ' 받침 뒤)

ㄷ. 가벼이, 괴로이, 쉬이, 외로이 ('ㅂ'불규칙 용언 뒤)

ㄹ. 같이, 굳이, 많이, 실없이 ('-하다'가 붙지 않은 용언 어근 뒤)

ㅁ. 곰곰이, 더욱이, 오뚝이, 일찍이 (부사 뒤)

ㅂ. 깊숙이, 고즈넉이, 끔찍이, 가뜩이, 길쭉이, 멀찍이, 나직이, 납작이, 삐죽이, 수
북이, 축축이, 촉촉이, 큼직이 ('ㄱ' 받침 뒤)

2) '-히'로 적는 경우

급히, 속히, 엄격히, 꼼꼼히, 답답히, 열심히, 가만히, 간편히, 나른히, 무단히, 소홀히,
쓸쓸히, 정결히, 과감히, 분명히, 상당히, 조용히, 고요히 ('-하다'가 붙는 어근 뒤)

(22) '사돈'이 맞는 말입니까, '사둔'이 맞는 말입니까? 그리고 '부조'를 '부주'라고도 하는데, 어느 것이 맞는 말입니까?

'사돈'이 맞는 말이다. '사둔'이라고 하는 일이 많지만 '査頓'에서 온 말이라는 어원 의식
이 아직까지는 강하게 남아 있으므로 '사돈'을 표준어로 삼았다. '부조(扶助)', '삼촌(三寸)'
등도 현실적으로 '부주', '삼춘'이 널리 쓰이고 있지만 '扶助', '三寸'에서 온 말이라는 어원
의식이 강하게 남아 있으므로 '부조', '삼촌'이 표준어다.

(23) '철수는 학교에 가던 중 우연찮게 영희를 만났다.'는 중의적 문장인가요?

'우연찮다'는 형태적으로 부정 요소를 가졌지만, 의미적으로 부정을 나타내지 않고 '우
연히'와 유사한 의미를 나타낸다. 따라서 중의적 표현이라고 보기 어렵다.

(24) 못 본 체 지나가다, 못 본 채 지나가다. 어느 게 맞는지요?

'못 본 체 지나가다'로 표현하는 것이 적절하다. '채'는 '옷을 입은 채로 물에 들어간다./
노루를 산 채로 잡았다'처럼 이미 있는 상태 그대로 있다는 뜻을 나타내고, '체'는 '애써
태연한 체(척)를 하다/못 이기는 체(척) 자리에 앉다'처럼 그럴듯하게 꾸미는 거짓 태도나
모양을 나타낸다. 형태적으로 '체'는 '척'과 동의어이므로 '척'과 교체할 수 있는지 여부로
'채'와 '체'를 구별할 수 있다.

(25) '플루트'가 맞습니까, '플롯'이 맞습니까?

'플루트'가 맞다. 'flute[fluːt]'의 어말 [t]는 받침 'ㅅ'으로 하거나 'ㅌ'에 '으'를 붙여 '플롯'이거나 '플루트'거나 두 가지 중의 하나가 된다. 그런데 외래어 표기법 제3 장 표기 세칙의 제1 절 영어의 표기의 제1 항은 두 가지 경우만을 제외하고는 자음 앞이나 어말의 무성파열음은 '으'를 붙여 적도록 규정하고 있다. 두 가지 경우란 다음과 같다.

첫째, 짧은 모음 다음의 어말 무성파열음은 받침으로 적는다. 그래서 'book, snap, biscuit'은 '북, 스냅, 비스킷'이 된다. 'target'도 영어에서의 발음은 'target[taːgit]'인데 표기법을 적용하면 '타깃'이 된다. 둘째, 짧은 모음과 유음·비음 이외의 자음 사이에 오는 무성파열음은 받침으로 적는다. 예를 들어 'action, pepsi'는 '액션, 펩시'가 된다. 이 두 가지 경우 이외의 어말과 자음 앞의 무성파열음은 '으'를 붙여 적는다. 'network'의 경우도 발음이[netwːk]이기 때문에 '네트워크'가 올바른 표기다.

(26) '프라이팬'이 맞습니까, '후라이팬'이 맞습니까?

'프라이팬'이 맞다. 원래 영어에서는 frying pan[fraing p n]이므로 외래어 표기법의 원칙을 적용하면 '프라잉 팬'이지만 이렇게까지 원어에 충실할 필요는 없다. 다만 [f]는 'ㅍ(모음 앞)/프(어말과 자음 앞)'에 대응시키는 원칙이 있으므로 이에 따라 '프라이팬'이 되는 것이다. 광고에서 나오는 '훼미리 아파트', '훼미리 쥬스'와 같은 말은 외래어 표기법의 원칙에 어긋나는 말로서 '패밀리 아파트', '패밀리 주스', '파이브 미니'로 고쳐야 할 것이다.

(27) "감사합니다"가 맞는지 아니면, "감사드립니다"가 맞는지요?

'감사합니다.'라는 표현에는 문제가 없다. '말씀 드리다'의 경우 '말씀'은 드릴 수 있는 것이지만, '감사'나 '축하'의 경우에 드린다는 말은 어법에 맞지 않는 불필요한 말이다.

(28) 세배할 때 웃어른께 "절 받으세요.", "앉으세요."라고 말해도 됩니까?

집안에서 친척, 친지에 대한 신년 인사는 세배라는 형식을 통해서 하게 된다. 젊은 층에서 세배를 할 때 절하겠다는 의사 표시로 어른에게 "절 받으세요.", "앉으세요." 하는 버릇이 있다. 이런 말은 불필요한 말이고 좋지 않은 말이다. 이런 명령조의 말을 하는 것은 어른에 대한 예의가 아니며 절 받는 어른의 기분을 상하게 한다. 그냥 말 없이 절을 하는 것이 공손하다.

최근 개정된 표준어

• 현재 표준어와 같은 뜻으로 추가로 표준어로 인정한 경우

추가된 표준어	현재 표준어	비고	추가된 표준어	현재 표준어	비고
간지럽히다	간질이다	2011년	토란대	고운대	2011년
남사스럽다	남우세스럽다	〃	허접쓰레기	허섭스레기	〃
등물	목물	〃	흙담	토담	〃
맨날	만날	〃			〃
못자리	묏자리	〃	걸판지다	거방지다	2016년
복숭아뼈	복사뼈	〃	겉울음	건울음	〃
세간살이	세간	〃	까탈스럽다	까다롭다	〃
쌉싸름하다	쌉싸래하다	〃	실뭉치	실몽당이	〃

• 두 가지 표기를 모두 표준어로 인정한 경우(복수 표준어)

추가된 표준어	현재 표준어	비고	추가된 표준어	현재 표준어	비고
택견	태껸	2011년 개정	이쁘다	예쁘다	2016년 개정
품새	품세	〃	찰지다	차지다	〃
짜장면	자장면	〃	–고프다	–고 싶다	〃
삐지다	삐치다	2014년 개정	마실	마을	〃
눈두덩이	눈두덩	〃			
구안와사	구안괘사	〃			
초장초	작장초	〃			
굽신거리다	굽실거리다	〃			

• 표준국어대사전 수정 사항

표제어	수정 전	수정 후	비고
김밥	[김: −] 〔김밥만[김:밤−]〕	[김:− / 김:빱] 〔김밥만[김:밤−/김:빱−]〕	16년 발음 수정
바퀴살	바퀴살	바큇살	16년 표제어 수정
꼼짝	꼼짝 못하다	꼼짝 못 하다	15년 관용구 표제어 수정
말	말(을)[말(도)] 못하다	말(을)[말(도)] 못 하다	〃
너무	일정한 정도나 한계에 지나치게. ¶너무 크다 / 너무 늦다 / 너무 먹다	일정한 정도나 한계를 훨씬 넘어선 상태로. ¶너무 크다 / 너무 늦다 / 너무 좋다 / 너무 반갑다 / 너무 예쁘다	15년 표제항 뜻풀이 수정

• 현재 표준어와 별도의 표준어로 추가로 인정한 경우

추가된 표준어	현재 표준어	뜻 차이	비고
∼길래	∼기에	∼길래: '∼기에'의 구어적 표현.	2011년
개발새발	괴발개발	'괴발개발'은 '고양이의 발과 개의 발'이라는 뜻이고, '개발새 발'은 '개의 발과 새의 발'이라는 뜻임.	
나래	날개	'나래'는 '날개'의 문학적 표현.	
내음	냄새	'내음'은 향기롭거나 나쁘지 않은 냄새로 제한됨.	
눈꼬리	눈초리	· 눈초리: 어떤 대상을 바라볼 때 눈에 나타나는 표정. 예) '매서운 눈초리' · 눈꼬리: 눈의 귀 쪽으로 째진 부분.	
떨구다	떨어뜨리다	'떨구다'에 '시선을 아래로 향하다'라는 뜻 있음.	
뜨락	뜰	'뜨락'에는 추상적 공간을 비유하는 뜻이 있음.	
먹거리	먹을거리	먹거리: 사람이 살아가기 위하여 먹는 음식을 통틀어 이름.	
메꾸다	메우다	'메꾸다'에 '무료한 시간을 적당히 또는 그럭저럭 흘러가게 하 다.'라는 뜻이 있음	
손주	손자(孫子)	· 손자: 자식의 아들 · 손주: 손자와 손녀를 아울러 이르는 말.	
어리숙하다	어수룩하다	'어수룩하다'는 '순박함/순진함'의 뜻이 강한 반면에, '어리숙 하다'는 '어리석음'의 뜻이 강함.	

추가된 표준어	현재 표준어	뜻 차이	비고
연신	연방	'연신'이 반복성을 강조한다면, '연방'은 연속성을 강조.	
휭하니	휭허케	휭허케: '휭하니'의 예스러운 표현.	
걸리적거리다	거치적거리다	자음 또는 모음의 차이로 인한 어감 및 뜻 차이 존재. 꼬적거리다–끼적거리다, 두리뭉실하다–두루뭉술하다 맨숭맨숭–맹숭맹숭, 맹숭맨숭, 바동바동–바동바동 새초롬하다–새치름하다, 아웅다웅–아옹다옹 야멸차다–야멸치다, 오손도손–오순도순 찌뿌둥하다–찌뿌듯하다, 추근거리다–치근거리다	
놀잇감	장난감	놀이감 : 놀이 또는 아동교육에서 활용되는 물건이나 재료.	2014년
개기다	개개다	개기다(속되게):명령이나 지시를 따르지 않고 버티거나 반항하다. 개개다 : 성가시게 달라붙어 손해를 끼치다	
사그라들다	사그라지다	사그라들다 : 삭아서 없어져 가다	
속앓이	속병	속앓이 : 속이 아픈 병, 겉으로 드러내지 못하고 속으로 걱정하거나 괴로워하는 일. 속병 : 몸속의 병을 통틀어 이르는 말.	
허접하다	허접스럽다	허름하고 잡스럽다.	
딴지	딴죽	일이 순순히 진행되지 못하도록 훼방을 놓거나 어기대는 것.	
섬찟	섬뜩	갑자기 소름이 끼치도록 무섭고 끔찍한 느낌이 드는 모양	
꼬시다	꾀다	'꾀다'를 속되게 이르는 말	
엘랑	에는	'에는'의 표준어로 인정	2016년
주책이다	주책없다	'일정한 줏대가 없이 되는대로 하는 짓'을 뜻하는 '주책'에 서술격조사 '이다'가 붙은 말로 봄. 표준어로 인정	

• 권장 순화어

권장 순화어	외래어	권장 순화어	외래어
각자내기	더치페이	보기창	뷰파인더
결혼도우미	웨딩 플래너	복지상품권(이용권) 제도	바우처 제도
겹벌이	투잡	본보기상	롤모델
공동전원주택	타운하우스	붙임쪽지	포스트잇
공동할인구매	소셜커머스	사랑건배	러브샷

권장 순화어	외래어	권장 순화어	외래어
관광취업	워킹 홀리데이	손뼉맞장구	하이파이브
근거리무선망	와이파이	손수제작물	UCC
기념손찍기	핸드프린팅	신제품발표회	론칭쇼
기억상자	타임 캡슐	(아이)안전의자	카시트
길도우미	내비게이션	악덕소비자	블랙컨슈머
꾸러미상품	패키지 상품	안전문	스크린도어
끝장승부	치킨 게임	알림창	팝업창
놀이학습	에듀테인먼트	엇걸이가방	크로스백
누리검색	웹서핑	여론몰이	언론플레이
눈속임짓	할리우드액션	원격근무	스마트워크
다걸기	올인	(음성)사기전화	보이스피싱
다시보기	VOD서비스	이용실적(점수)	마일리지
대리주차	발레파킹	(인생)길잡이	멘토
도움말	팁	자동길	무빙워크
동반관계	파트너십	(장면)갈무리	캡처
두루누리	유비쿼터스	정보무늬	QR코드
뒤풀이공연	갈라쇼	조리법	레시피
맵시꽃	코르사주	주요쟁점	핫이슈
모닥불놀이	캠프파이어	중요임무	미션
모두갖춤	풀옵션	지붕창	선루프
몰래제보꾼	파파라치	직장인엄마	워킹맘
물놀이공원	워터파크	짝꿍차림	커플룩
반짝광고	스폿광고	체험평가자	테스터
백지상태	제로베이스	친환경살이	로하스
번개모임	플래시몹	현실공간	오프라인

– 출처 : 국립국어원

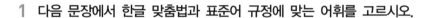

1 다음 문장에서 한글 맞춤법과 표준어 규정에 맞는 어휘를 고르시오.

(1) 봄이 되니 아침 바람이 (산뜻하다, 산듯하다).

(2) 왜목마을은 서해안에서 (해도지, 해돋이)를 볼 수 있는 유일한 곳이다.

(3) 이것은 (백분률, 백분율)로 계산해 보아야 한다.

(4) 세계 문화유산의 도시, 공주로 (오십시요, 오십시오).

(5) 이것은 (책이오, 책이요), 저것은 연필이다.

(6) 어떤 선인장 꽃은 (피여도, 피어도) 하루만에 진다고 한다.

(7) 수현이는 애인을 떠나보내고 (괴로와, 괴로워) 어쩔 줄 몰라 했다.

(8) 예슬이와 가히는 같은 성이라서 그런지 (가까와, 가까워) 보였다.

(9) 현아는 날씨가 더워서 얼른 (미닫이, 미다지) 문을 열었다.

(10) 수정이는 이번에는 (반드시, 반듯이) 일등을 하고자 결심하였다.

(11) 주형이는 시험 공부도 열심히 했고 (더욱이, 더우기) 문제도 쉬웠다.

(12) 두리는 (일찌기, 일찍이) 서울에서 떠나 살았다.

(13) 요즘엔 금강에서 (나루배, 나룻배)를 보기가 힘들다.

(14) 공주에는 분위기 좋은 (찻집, 차집)이 많다.

(15) 찬우는 옷을 (간편하게, 간편케) 입고 계룡산으로 향했다.

(16) 영채는 떡을 (먹을 만큼, 먹을만큼) 가져갔다.

(17) 기문이는 (나만큼, 나 만큼) 키가 크다.

(18) 현목이는 (사과, 배, 귤등, 사과, 배, 귤 등)을 사왔다.

(19) 종현이는 (연필 한 자루, 연필 한자루)를 가지고 있다.

(20) 규천이가 (뜻한바를, 뜻한 바를) 알겠다.

(21) (정 예슬, 정예슬)이라는 이름은 예쁘다.

(22) (정가히 장관, 정가히장관)은 많은 업적을 남겼다.

(23) 요한이는 부지런하다. (그러므로, 그럼으로) 공부를 잘 한다.

(24) 재웅이는 운전을 하다가 앞에 가는 차에 (부딪혔다, 부딪쳤다).

(25) 동균이는 토론회에 (부치는, 붙이는) 안건을 골랐다.

(26) 수아는 (학생으로써, 학생으로서) 본분을 다 하였다.

(27) 그는 그의 아버지가 평생 모은 재산을 (털어먹었다, 떨어먹었다).

(28) 그는 대학에 입학한 후 1년 동안 그 방을 (삭월세, 사글세)로 얻었다.

(39) 승제는 (강남콩, 강낭콩)이 섞인 밥을 좋아한다.

(40) 지훈이는 (둘째, 두째) 아들이다.

(41) 종욱이는 만화책 두 권을 (빌려, 빌어)왔다.

(42) 암소보다 (수소, 숫소)가 힘이 더 세다.

(43) 동균이는 (숫병아리, 수평아리) 두 마리를 사왔다.

(44) (수양, 숫양)보다 암양의 뿔이 작다.

(45) 정한이는 성적표를 보고 기분이 좋아 (깡총깡총, 깡충깡충) 뛰었다.

(46) 그는 책을 (내동댕이쳤다, 내동댕이쳤다).

(47) 봄에 피어오르는(아지랭이, 아지랑이)는 참으로 아름답다.

(48) 그는 (땜장이, 땜쟁이)로 일평생을 살았다.

(49) 소현이는 (멋장이, 멋쟁이)처럼 보인다.

(50) 강가 (미류나무, 미루나무) 꼭대기에 구름이 걸려 있다.

(51) 고기는 (상추, 상치)에 싸서 먹어야 제 맛이 난다.

(52) 한 반에는 (주책, 주착)을 떠는 사람이 한 두 명씩 있다.

(53) 그 여자는 (웃입술, 윗입술)이 아주 예쁘다.

(54) 성수는 우리 집 (윗층, 위층)에 산다.

(55) 가히는 (웃어른, 윗어른)에게 인사를 잘 한다.

(56) 예슬이는 멋진 (詩句—싯구, 시구)를 외웠다.

(57) 수연이는 (무, 무우) 한 다발을 샀다.

(58) 그는 애인에게 (너 돈, 네 돈, 넉 돈) 짜리 금반지를 선물했다.

(59) 우리 선수들이 월드컵에서 16강에 (들든, 들던) 나는 상관없어.

(60) 은아는 아침마다 (설겆이, 설거지)를 하고 회사에 나간다.

(61) 분위기에 (걸맞는 / 걸맞은) 옷차림이다.

(62) 식성에 (맞는 / 맞은) 음식을 선택해라.

(63) 우리의 제안을 어떻게 (생각할는지 / 생각할런지) 모르겠어.

(64) 나는 지금까지 접수를 (하려고 / 할려고) 기다리고 있다.

(65) (내노라 / 내로라)하는 사람들이 모두 실패했다.

(66) 내일 다시 (올게 / 올께).

(67) 그는 어지럽혀 있던 방을 (깨끗이 / 깨끗히) 청소하였다.

(68) 그녀는 그에 대한 정이 (각별이 / 각별히) 많다.

(69) 배(던지 / 든지) 사과(든지 / 던지) 마음대로 먹어라.

(70) 그러면 안 (되요 / 돼요).

2 다음 문장에서 바르게 쓰인 낱말이나 어휘를 고르시오.

- 키가 쪼끄마한 그는 취직 후 서울에 (전세집 / 전셋집)을 얻어 살았다. (어릴때부터 / 어릴 때부터) 당당했던 그는 첫 직장이지만 (실수하기는 커녕 / 실수하기는커녕) 누구보다 (사기충전 / 사기충천)해 괄목할 만한 성과를 냈다. 신년을 맞아 그는 살을 (에리는 / 애리는/ 에는 / 애는) 추위를 뚫고 (느지막이 / 느즈막이/ 느지막히) 나를 찾아와 인사를 하기도 했다.

- 오늘 같은 날이면 (멋적은 / 멋쩍은) 표정으로 고백해 줬던 첫사랑이 (괜시리 / 괜스레) 생각난다. 그는 내 머리를 (흐트려 / 흩트려) 놓으며 (한눈팔지 / 한 눈 팔지 / 한눈 팔지) 말라고 (짓굿게/ 짓궂게) 장난을 치기도 했고, 몸살에 걸려 (햌쑥해진 / 핼쑥해진) 나를 (긴긴밤 / 긴 긴 밤) 내내 간호해 주기도 했다.

– 출처 : KBS 우리말 겨루기

3 다음 화면에서 띄어쓰기가 잘못된 곳을 찾아 바르게 고치시오.

- "난 뭐 천년이나 슬퍼"

- "너 뿐이야"

---

4 다음 문장을 올바르게 띄어쓰기 하시오.

(1) 오늘에서야네가뜻한바를알겠어.

(2) 그가떠난지사흘만에돌아왔다.

(3) 살아남기위해최선을다했을뿐이다.

(4) 먹구름을보니비가올듯하다.

(5) 책의내용은보잘것없으면서표지만요란하다.

(6) 합격자발표를기다리며안절부절못하다.

(7) 조금전까지있던가방이온데간데없다.

2. 문장 쓰기

　문장은 글의 얼굴이다. 글을 읽을 때 내용보다 먼저 접하는 것이 문장이다. 깊은 사유와 참신한 시각을 담은 글이라도 거친 문장을 사용했다면, 독자는 글을 끝까지 읽거나 내용을 제대로 파악할 수 없다. 동일한 내용이라도 문장력에 따라 글의 가치와 호소력이 달라진다.

　문장력도 일종의 기술이다. 문장력 향상을 위해서는 어느 정도 전문적인 훈련이 필요하다. 다행히 아주 어렵지는 않다. 그런데 올바르고 자연스러운 문장을 쓰기 위한 규칙은 한이 없고, 그 모든 것을 알기에는 한계가 있다. 다음에서 꼭 필요한 몇 가지 규칙을 살펴보기로 한다.

　어떤 문장이 좋은 문장일까? 가장 근본적인 원칙은 멋진 문장보다 명쾌한 문장이 좋다는 것이다. 지나치게 꾸민 문장, 어려운 문장보다는 이해하기 쉬운 문장, 뜻을 명료하게 전달하는 문장이 좋다. 명쾌한 전달력을 갖추기 위해서는 어법에 맞게 그리고 경제적으로 써야 한다. 이때 문장을 짧게 쓰기를 권한다. 문장이 길면 어법에 맞게 쓰기 힘들고 의미 전달에 혼선을 빚기 쉽다.

(1) '호응'은 문장 수련에서 핵심 규율이다

　문장에서 어떤 요소가 다른 요소를 필연적으로 동반하는 관계를 '호응 관계'라고 한다. 주어와 서술어, 목적어와 서술어, 부사와 후행 요소 간에 호응의 규칙이 있는데, 그것을 무시하면 글이 부자연스러워진다.

　가장 기본적인 원칙은 주어와 서술어의 호응이다. 대다수의 비문은 주술 호응 혼란에서 만들어진다. 문장에서 주어와 서술어를 찾고, 그것의 호응 여부만 확인해도 많은 오류를 피할 수 있다. 문장을 짧게 쓸수록 주술 호응을 이루기가 쉽다.

> **문제는** 한국인인 이상 이 **행태가 유지된다.**

　위의 문장에서 주어는 '문제는'이고, 서술어는 '유지된다'이다. 이대로라면 주어와 서술어가 어울리지 않는다. '유지된다'에 호응하는 주어는 '행태가'이고, 주어 '문제는'에 호응하는 서술어는 없다. 이 문장을 다음과 같이 고치면 좋다.

⇒ **문제는** 한국인인 이상 이 **행태가 유지된다는 것이다.**

한국어에서는 주어가 두 개인 문장도 허용되지만, 가급적 주어를 하나로 통일하는 것이 명쾌한 의사 전달을 위해서 좋다.

통학하는 **사람들은** 대부분 부모님의 **통제가** 있다.

위의 문장은 불필요하게 두 개의 주어를 사용하였다. 주어를 하나로 통일하여 다음과 같이 고치는 것이 바람직하다.

⇒ 통학하는 **사람들은** 대부분 부모님의 **통제를** 받는다.

기영은 **이해하기 힘든 상황이 있었다.**
⇒ 기영은 **상황을 이해하기 힘들었다.**

나는 그 녀석에 관한 **생각이** 머릿속을 가득 **채웠다.**
⇒ 그 녀석에 관한 **생각이** 내 머릿속을 가득 **채웠다.**
⇒ 그 녀석에 관한 생각으로 내 **머릿속이** 가득 **찼다.**

그 작가는 여성을 이용하여 여자 간의 **공동체의식마저 소멸된다.**
⇒ 그 작가는 여성을 이용하여 여자 간의 **공동체의식마저 소멸시킨다.**

러ㆍ일 전쟁에서의 승리로 **일본은** 동북아시아와 태평양을 모두 식민지화하겠다는 **의지가 강화되었다.**
⇒ 러ㆍ일 전쟁에서의 승리로 동북아시아와 태평양을 모두 식민지화하겠다는 **일본의 의지가** 강화되었다.
⇒ 러ㆍ일 전쟁에서의 승리로 **일본은** 동북아시아와 태평양을 모두 식민지화하겠다는 **의지를** 강화했다.

주어와 서술어의 호응뿐만 아니라 목적어와 서술어, 부사와 후행 요소 간의 호응에도 유의해야 한다. 마치 영어의 숙어처럼 서로 어울리는 〈목적어+서술어〉의 짝과 〈부사+후행 요소〉의 짝이 있는데, 그 어울림의 규칙을 존중하자.

> 그 순간 클라이드는 자백을 함으로써 판사가 얼마나 부조리한 **선택을 내리고** 있는지 폭로한다.

위 문장의 '선택을 내리고'에서 '선택을'과 '내리고'는 호응하지 않는다. '판결을 내리고' 또는 '선택을 하고'라고 써야 목적어와 서술어가 어울린다.

> ⇒ 그 순간 클라이드는 자백을 함으로써 판사가 얼마나 부조리한 **판결을 내리고(선택을 하고)** 있는지 폭로한다.

> 아이가 **여간 극성스럽다.**

'여간'은 '않다/아니다'라는 부정어를 동반해야 하므로, 다음과 같이 수정해야 한다.

> ⇒ 아이가 **여간 극성스럽지 않다.**

> 제도의 문제점을 **주장한다.**
> ⇒ 제도의 문제점을 **지적(비판)한다.**
>
> 우리는 문맥에 따라 **기준을** 융통성 있게 **판단해야 한다.**
> ⇒ 우리는 문맥에 따라 **기준을** 융통성 있게 **설정해야 한다.**

(2) 접속 전후를 꼼꼼하게 확인하자

1) 연결된 문장 성분이 대등한지 살펴보자

문장을 접속할 때에는 대등한 문장 성분끼리 연결해야 한다. 단어는 단어와, 명사구는 명사구와, 동사구는 동사구와 접속해야 한다.

이 교재는 **창의력 계발**과 **문제 해결력을 증진하기 위해서** 집필되었다.

위의 문장에서 '창의력 계발'이라는 명사구와 '문제 해결력을 증진하기 위해서'라는 동사구가 연결되었다. 이는 명사구와 동사구의 연결로서, 연결된 성분이 대등하지 않다. 명사구끼리의 연결 또는 동사구끼리의 연결로 수정해야 한다.

명사구+명사구로 통일:
⇒ 이 교재는 **창의력 계발**과 **문제 해결력 증진을 위해서** 집필되었다.

동사구+동사구로 통일:
⇒ 이 교재는 **창의력을 계발하고** **문제 해결력을 증진하기 위해서** 집필되었다.

2) 문장 성분을 누락하지 말자

접속 구조의 문장에서 자칫하면 문장 성분을 빠트리기 쉽다. 특히 접속 구조의 앞 문장에서 누락된 성분이 있는지 확인해야 한다.

이 문제점을 해결하기 위해서 **조사와 노력을 기울여야** 한다.

위의 문장에서 '조사'에 따르는 문장 성분이 누락되었다. 이대로라면 '기울여야'가 '조사'에 따르는 서술어인 셈인데, '조사를 기울여야'는 어법에 맞지 않다. 이때에는 빠진 문장 성분을 써 주어야 한다.

⇒ 이 문제점을 해결하기 위해서 **조사를 수행하고 노력을 기울여야** 한다.

대형 참사의 **원인 파악**과 **책임자를 처벌하는 것**이 필요하다.
⇒ 대형 참사의 **원인을 파악하고 책임자를 처벌하는 것**이 필요하다.
⇒ 대형 참사의 **원인 파악**과 **책임자 처벌**이 필요하다.

외국인 인구의 증가로 **문화적인 갈등이나 정체성을 상실하는 문제**가 발생한다.

⇒ 외국인 인구의 증가로 **문화적으로 갈등하거나 민족의 정체성을 상실하는 문제**가 발생한다.

⇒ 외국인 인구의 증가로 **문화적인 갈등이나 정체성 상실의 문제**가 발생한다.

(3) 경제적으로 쓰자

1) 반복을 피하자

동일한 단어나 형태를 반복하여 쓰지 않고, 반복된 요소를 삭제하거나 다른 것으로 변형하면 세련된 문장을 구사할 수 있다.

원인을 따져 보면 그 **원인**은 빈부격차이다.

'원인'이라는 단어가 반복되므로, 하나는 삭제한다.

⇒ 그 **원인**은 빈부격차이다.

나**의** 독일에서**의** 프랑크와**의** 생활은 후회스러웠다.

'의'라는 조사가 세 번이나 반복적으로 사용되었다. 이 문장을 다음과 같이 변형할 수 있다.

⇒ **독일에서 프랑크와 함께 한 내** 생활은 후회스러웠다.

〈반복의 유형과 수정 사례〉

① **명사의 반복**
   국산품과 **수입품**의 가격이 비슷하고 질적으로 차이가 없다면 **수입품**보다 가급적 **국산품**을 애용하도록 하자.
   ⇒ 가격이 비슷하고 질적으로 차이가 없다면 수입품보다 가급적 국산품을 애용하자.

② **구와 절의 반복**

힘들고 더럽고 위험한 일을 기피하는 현상이 왜 발생하는지 이해하려는 노력 없이, **힘들고 어렵고 위험한** 직종에 일할 사람이 부족하다고 계속 한탄만 하고 있어서는 안 된다.

⇒ 힘들고 더럽고 위험한 일을 기피하려는 현상이 왜 발생하는지 이해하려는 노력 없이, 일할 사람이 부족하다고 한탄만 하고 있어서는 안 된다.

③ **동사의 반복**

그는 점심으로 된장찌개를 **먹었다**. 저녁에는 김치찌개를 **먹었다**. 야식으로는 족발을 **먹었다**.

⇒ 그는 점심으로 된장찌개, 저녁에는 김치찌개, 야식으로는 족발을 먹었다.

④ **의미의 반복**

어쩔 수 없는 불가피한 일이다.

⇒ 불가피한 일이다.

⑤ **한자어나 영어 설명의 반복**

과반수가 넘는 사람들이 찬성했다.

⇒ 반수가 넘는 사람들이 찬성했다.

⇒ 과반수의 사람들이 찬성했다.

⑥ **조사의 반복**

결의안 채택은 우리**의** 최소한**의** 요구였다.

⇒ 결의안 채택은 우리의 최소 요구였다.

⑦ **접속사의 반복**

늦잠을 잤다. **그래서** 회사에 지각했다. **그러나** 다행히 부장님께 혼나지 않았다.

⇒ 늦잠을 잤다. 회사에 지각했다. 다행히 부장님께 혼나지 않았다.

2) 불필요한 말을 하지 말자

명쾌함은 문장의 영원한 미덕이다. 불필요한 어구나 단어를 삭제하고 가급적 짧게, 경제적으로 쓰는 것이 좋다.

나는 한 학기를 가치 있게 **보냈는가의 측면에 대해 나를 돌아보는** 시간을 가졌다.

위의 문장에서 불필요한 부분을 삭제하면 다음과 같이 수정할 수 있다.

> ⇒ 나는 한 학기를 가치 있게 **보냈는지 돌아보는** 시간을 가졌다.

> 대한민국이 가장 **희망이 없고** 불행한 나라로 **되는 것에 대한** 과정
> ⇒ 대한민국이 가장 **희망 없고** 불행한 나라로 **되는** 과정
>
> 다수의 사람들은 이런 일쯤 별 거 아니라고 생각하겠지만 **당사자의 마음을 생각해 보면** 얼마나 허탈하고 당혹스러웠겠는가.
> ⇒ 다수의 사람들은 이런 일쯤 별 거 아니라고 생각하겠지만 **당사자의 마음은** 얼마나 허탈하고 당혹스러웠겠는가.

한 단어로 쓸 수 있는 서술어를 〈목적어+서술어〉로 쓰는 경우가 많다. 이렇게 쓰면 문장이 불필요하게 늘어진다. 가급적 한 단어의 서술어를 사용하자.

> 교사가 **질문을 하자** 학생이 **대답을 하였다.**
> ⇒ 교사가 **질문하자** 학생이 **대답했다.**
>
> 프로이트는 의식과 무의식의 충돌이라는 접근 방식을 통해서 **설명을 하였다.**
> ⇒ 프로이트는 의식과 무의식의 충돌이라는 접근 방식을 통해서 **설명했다.**

(4) 수식어와 피수식어의 거리는 짧을수록 좋다

수식어와 피수식어의 거리가 멀 때 의미의 혼란이 발생한다. 수식어와 피수식어는 가까운 곳에 위치해야 좋다.

> **철수의** 성공에 대한 **강한 집념이** 독이 되었다.

위의 문장대로라면 '철수의'가 '성공'을 수식하는지 '집념'을 수식하는지 불분명하다. '철수의'가 '집념'을 수식해야 자연스러우므로, 명쾌한 의미 전달을 위해서 수식어를 피수식어와 가까운 곳에 두는 것이 좋다.

> ⇒ 성공에 대한 **철수의 강한 집념이** 독이 되었다.

예쁜 들의 꽃이 사람의 마음을 흔들어 놓았다.

⇒ **들의 예쁜 꽃**이 사람의 마음을 흔들어 놓았다.

청소년 가출은 **단적으로** 우리 사회의 여러 문제점을 **보여 주는** 현상이다.

⇒ 청소년 가출은 우리 사회의 여러 문제점을 **단적으로 보여 주는** 현상이다.

(5) 피동 표현을 피하자

우리는 어려서부터 영어를 공부해 왔기에 번역 투에 익숙해져서 피동 표현을 자주 쓴다. 그런데 한국어에서는 피동 표현보다 능동 표현이, 무정물 주어보다 유정물 주어가 자연스럽다.

이삿짐이 거칠게 **운반되었다**.

⇒ 인부들이 이삿짐을 거칠게 **운반했다**.

특히 이중피동은 피해야 한다. 이중피동은 의미 중복을 피하자는 원칙에 따라 불필요하다.

'미네르바'라고 **불리어지는** 논객이 '허위사실 유포죄'로 구속되었다.

⇒ '미네르바'라고 **불리는** 논객이 '허위사실 유포죄'로 구속되었다.

많은 독자들에게 **읽혀지는** 책이다.

⇒ 많은 독자들에게 **읽히는** 책이다.

행위는 명사가 아닌 동사로 표현하는 것이 좋다. 행위를 명사로 표현하면 수식어가 많아지거나 주어가 불분명해진다. 행위를 동사로, 사물을 명사로 표현해야 뜻을 전달하기 쉽다.

외무장관의 **보고가 있겠습니다**.

⇒ 외무장관이 **보고하겠습니다**.

저축 증가는 연방준비제도이사회가 의회의 세금 입법에 영향을 주는 금융정책을 채택하게 한다.

⇒ **소비자들이 저축을 많이 하면**, 연방준비제도이사회는 의회가 세율을 조정하도록 영향을 주는 금융정책을 채택한다.

연/습/문/제

1 다음 문장들을 바르게 고쳐보자.

(1) 확실한 것은 그 시기에 난 그를 좋아하지 않았다.

---

(2) 타로 점집이 많아진 이유는 대표적으로 세 가지 이유가 있다.

---

(3) 나는 몇 년 사이 눈이 많이 늙었다.

---

(4) '공포'는 인류의 역사 이전부터 인간이라는 존재와 항상 함께 존재해 왔다.

---

(5) 이 책은 다른 것보다 세 배나 비싼 책이다.

---

(6) 내가 보는 견해는 다르다.

---

(7) 인식은 우리가 생각하고 있는 것보다 무척 복잡한 과정을 거친다.

---

(8) 소니의 발전사를 되돌아 보면 혁신 추구와 낭비 근절이라는 두 가지 정신이 결합되어 위대한 '소니 신화'를 창조했음을 발견할 수 있다.

---

(9) 자네 춘부장의 나이는 어떻게 되시는가?

---

(10) 그는 여간 운동을 잘 하는 것이다.

---

(11) 우리 모두 교실에서는 조용하자.

---

(12) 오늘날 대학생들은 흔히 여가 시간을 그다지 불필요한 곳에서 보낸다.

---

(13) 주머니 사정이 넉넉치 못해 조촐한 자리를 마련했습니다.

---

(14) 그 동안 도움을 주신 것에 감사하고 싶습니다.

---

(15) 소월의 문학론과 그 작품세계를 살펴보자.

---

(16) 우리나라의 젊은 가수들이 외국에서 아주 좋은 호평을 받고 있다.

---

(17) 그는 남은 여생 동안 남을 위해 봉사하기로 결심했다.

---

(18) 지금 나는 실연으로 힘에 겨운 벅찬 상황에 빠져 있다.

---

(19) 자연을 훼손하기보다는 잘 가꾸고 다루어서 관리해야 할 것이다.

---

(20) 수학능력시험에 좋은 성적을 거두지 못한 까닭은 시험을 너무 쉽게 생각하였다.

---

(21) 그러한 민속놀이를 우리의 선조들은 오랫동안 즐기고 또한 계승해 왔으나, 근대 서구 문명의 도래와 더불어 서서히 사라져 버리기 시작했다.

(22) 인간은 자연에 복종도 하고 지배도 하며 살아야 한다.

(23) 이 작품은 작가의 젊은 시절의 사랑이 이 소설에 그대로 반영되었다고 한다.

(24) 잊지 말아야 할 점은 오늘날 국제 관계가 이데올로기보다 자국의 실리를 기준으로 형성된다.

(25) 예솔이는 눈이 아름답고 혜지는 공부를 한다.

(26) 김 선생은 노처녀였는데, 그 홀아비와 드디어 이혼을 하고 말았다.

(27) 김 선배는 영수와 철수를 때려 주었다.

(28) 정 박사는 그처럼 그리워하던 고향의 친구들을 다시는 만나지 못했다.

(29) 이 분이 허준이라는 소설을 쓰는 사람입니다.

(30) 여기에 아버지의 초상화가 있다.

(31) 우선 우리 대학생의 선거에 관한 의식 구조가 전환되어야 한다는 것이다.

(32) 저는 학생으로서 제 임무를 다하지 못한 것만 같아서 죄송합니다.

(33) 그가 우리 곁을 떠나 아쉬움을 느낀 것은 나뿐만이 아니었으리라 믿고 싶다.

2 2인 1조를 이루어 짧은 글을 쓰고, 짝의 글에서 자연스럽지 못한 문장을 찾아서 수정해 보자.

3 예전에 자신이 썼던 글에서 어색한 문장을 찾아서 고쳐 보자.

3. 문단 쓰기

(1) 문단이란 무엇인가, 왜 필요한가?

어떤 종류의 글이든 한 편의 글에는 겉으로 드러나는 몇 가지 표식이 있다. '띄어쓰기, 문장부호, 들여쓰기' 등이 그것이다. 이들은 모두 이쪽과 저쪽을 구별하는 기능을 한다. 띄어쓰기는 어절과 어절을 구별하고, 문장부호는 문장과 문장을 구별한다. 그리고 들여쓰기는 문단과 문단을 구별한다. 하지만 대부분의 글쓴이들은 띄어쓰기와 문장부호에는 민감하면서도 문단을 구별하는 들여쓰기에는 대체로 무심하다. 아예 문단을 구분하지 않은 채 글 전체가 한 문단으로 구성되어 있거나 심지어는 한 문장 한 문장이 문단을 구성하는 경우도 종종 발견하게 된다. 문단의 개념과 중요성에 대한 인식이 상대적으로 부족하기 때문이다.

한 편의 글은 단어와 단어가 만나서 하나의 문장을 이루고, 그 문장들이 모여서 하나의 문단을 이루고, 그 문단들이 모여서 구조화될 때 완성된다. 한 편의 글은 하나 이상의 문단으로 이루어진다. 경우에 따라서는 하나의 문단이 곧 한 편의 글이 될 수도 있지만, 서두와 본론, 그리고 결말을 나눈다고 할 때 일반적으로 한 편의 글에는 세 개 이상의 문단이 필요하다. 문단의 내용을 이해하고 이를 구조적으로 연결할 때 글 전체를 이해할 수 있는 것이다.

문단은 글 전체에서 생각의 덩어리 역할을 한다. 문장은 소통을 위한 최소한의 조건이다. 이 문장들이 논리적인 연결 과정을 거치면서 더 큰 생각으로 발전한 것이 문단이다. 따라서 문단은 글쓴이가 글을 통해 전달하고자 하는 내용을 체계적으로 보여 준다.

문단이란?

▶ 글에서 글쓴이가 전달하고자 하는 내용을 체계적으로 보여주는 가장 작은 단위
▶ 문장이 단일한 생각의 표현이라면 이러한 문장들을 논리적인 연결 과정을 거쳐 더 큰 생각으로 나타낸 것이 문단
▶ 문단은 서로 관련된 몇 개의 문장이 모여서 '하나의 중심 생각'을 발전시키는 글쓰기의 기본 단위. 즉 '사고(생각)'의 최소 단위.

이러한 문단은 일반적으로 다음과 같은 경우에 구분해서 쓴다.

문단을 구분해서 써야 할 경우

▶ 생각이나 논점, 주장이 달라질 때
▶ 사건, 현상이 달라질 때
▶ 시간, 장소, 장면이 달라질 때
▶ 인물, 상태, 동작이 달라질 때
▶ 긴 인용문을 넣을 때

문단을 구분해서 써야 하는 가장 큰 이유는 문단 구분이 바로 독자에 대한 배려이기 때문이다. 한 편의 글이 하나의 문단으로 구성되어 있다고 가정해 보자. 독자 입장에서는 읽기에 대한 심리적 부담을 느끼게 된다. 동시에 글쓴이의 중심적인 생각을 구분해서 파악하는 데에도 어려움이 생긴다. 문단은 독자가 이해하기 쉽도록 글쓴이의 여러 가지 생각을 구분해주는 역할을 하는 것이다.

아울러 글쓴이의 입장에서도 문단 구분은 자신이 의도했던 글의 중심생각을 뚜렷하게 드러내기 위한 효율적인 방법이다. 아무리 보석같은 생각들이라도 단편적이고 파편적인 나열은 그 가치를 드러내기 쉽지 않다. 따라서 글쓴이는 이 문단을 통해 전달하고자 하는 핵심 내용이 무엇이며 그 핵심내용을 글 속에서 제대로 전달하고 있는지 문장들 간의 연결 관계가 분명하게 표현되어 있는지, 문단들 사이의 연결은 자연스러운지에 대해 스스로 점검해 보아야 한다.

대부분의 글쓴이들은 자신의 글을 읽을 때 무의식적으로 빠진 표현이나 논리적인 연결 관계를 보충해서 읽거나 단락이 명확하게 잘 구성되었다고 스스로 결론내리기 쉽다. 문제는 글쓴이 자신에게는 논리적이고 자연스러워 보일 수 있지만 독자의 입장에서는 그렇지 않은 경우가 많다는 것이다. 따라서 문단 구성은 철저하게 '독자의 입장'에 서서 객관적이고 냉철하게 바라보아야 한다.

(2) 문단은 어떻게 구성되는가?

문단의 기본 구조

중심문장	+	뒷받침 문장	+	마무리 문장
Topic Sentence		Supporting Sentence		Closing Sentence

1) 중심 문장(화제문, 주제문)

중심문장은 문단의 중심생각, 즉 소주제를 전달하는 기능을 한다. 그러므로 중심문장에는 화제(그 문단에서 말하고자 하는 대상)에 대한 글쓴이의 생각·의견·느낌 등이 함께 제시되어야 한다. 그래야 그 문단에서 제시하고자 하는 논의의 범위와 방향을 한정할 수 있다.

중심문장을 작성할 때는 다음의 사항에 유의해야 한다.

① 중심문장은 '화제'와 '중심생각'을 모두 포함한 완전한 문장으로 구성하라.

중심문장은 자기의 생각을 나타내는 핵심문장이기 때문에 무엇(화제)에 대하여 어떻게 생각(중심생각)하는지 명료하게 전달할 수 있도록 완전한 문장으로 구성해야 한다.

> **김치는 우리나라의 가장 대표적인 반찬으로 꼽힙니다.** 갓 지은 뜨거운 밥에 잘 익은 김치 한 쪽, 그 맛은 우리나라 사람들이 외국에 나가 있을 때 가장 그리워하는 우리의 맛이지요. 최근에는 김치가 맛과 영양, 그리고 건강을 위해서도 매우 뛰어난 식품으로 인정받고 있습니다.

위 글에서 화제는 '김치'이고 이에 대한 글쓴이의 생각은 '우리나라의 가장 대표적인 반찬으로 꼽힌다'는 것이다. 이 생각을 뒷받침하기 위한 문장들이 뒤에 이어지면서 문단을 구성하고 있다.

② 중심생각만을 나타내므로 문단 내에서 가장 일반적인 진술이어야 한다.

☑ 패스트푸드의 가장 큰 문제점은 영양의 불균형이다.(적절)
☐ 패스트푸드는 대부분 통조림과 냉동식품을 이용하고, 튀기거나 볶는 조리법을 사용하므로 맛이 없고 기름지다.(너무 좁음)
☐ 패스트푸드를 먹는 것은 안 좋다.(너무 넓음)

일반적으로 중심문장은 포괄적이며 추상적 성격을 갖는 경우가 많다. 이는 해당 문단에서 글쓴이가 드러내고자 하는 생각을 단적인 표현으로 제시해야 하기 때문이다. 중심문장의 포괄적, 추상적인 면을 비유나 예시·설명·비교·대조 등의 방법을 활용한 다양한 뒷받침문장들로 표현했을 때 문단의 완성도가 높아진다.

③ 중심문장은 자기의 언어로 구성하여 표현하는 것이 좋다.

중심문장을 자기의 말로 표현하면 자기의 생각을 가장 잘 드러낼 낱말과 표현을 찾아서 쓰는 노력을 한 만큼 글과 자신의 일체감이 깊어진다. 이는 글의 진정성을 높여 신뢰감을 얻는 중요한 기제로 작용한다. 그리고 글을 통해서 자기의 생각을 끊임없이 높은 수준으로 향상시킬 수 있게 된다. 주제문을 구성하기 위해 생각을 오래 그리고 다양하게 한 만큼 그 주제에 대한 이해력과 문제 해결력이 길러질 것이다.

다음 글은 (고)김대중 대통령 자서전에서 인용한 표현이다. 자신의 말과 행동을 일치시키려 했던 한 정치인의 노력을 엿볼 수 있다.

> 나는 정치를 시작한 이래 연설문 작성에 심혈을 기울였다. 연설문에 많은 것을 담으려 했다. 집회가 있을 때면 연설 원고가 늘 걱정이었다. 원고가 완성이 안 되면 초조하기 이를 데 없었다. 정치에 발을 들여놓은 이래 헤아릴 수 없이 많은 연설을 했다. 한때는 정치가 곧 연설이라는 생각이 들었다. 그래서 혼신의 힘을 다해 원고를 작성했다. 중요한 연설문은 산통이 대단했다. 호텔 방을 전전하며 구상하고 수없이 다듬었다.   – 출처 : 강원국. 「대통령의 글쓰기」

④ 중심문장은 단일 개념을 사용하는 것이 좋다.

중심문장에 복합적인 개념을 사용하면 두 개념을 뒷받침하기 쉽지 않고, 최악의 경우에는 복합 개념 가운데 하나만 뒷받침하게 되는 문제가 발생할 수 있다.

> **무릇 모든 도구는 양면적이고 복합적이다.** 훈민정음은 쉬운 문자 도구이므로 쓰임새가 많을 수밖에 없다. 또 창제자가 만든 의도대로만 쓰인 것도 아니다. 그래서 허조 같은 신하는 쉬운 문자(이두)를 가르치면 백성들이 지배층을 욕하는 데 사용할 수 있다고도 했다. 세종이 이런 양면성이나 다양한 쓰임새를 몰랐을 리 없다. 그러나 구더기 무섭다고 장을 안 담글 수는 없는 노릇이다.   – 출처 : 김슬옹. 「28자로 이룬 문자 혁명 훈민정음」

위 글의 밑줄 친 주제문장에는 '양면적(서로 맞서는 두 개념이 있음)'이고 '복합적(두 개념이 서로 관련이 있거나 포함 관계에 있는 경우)'이라는 두 개념이 사용되었다. 이 두 개념은 별도로 다루어야 할 다른 개념이라고 할 수 있지만 위 글에서는 양면적인 면, 즉 훈민정음이 쉬운 문자 도구여서 쓰임새가 많다는 점과 백성들이 지배층을 욕하는 데 사용할 수 있다는 점을 설명하고 있을 뿐이다. '복합적'인 성격에 해당하는 뒷받침 내용이 없는 것이다. 이처럼 중심문장 안에 여러 개의 개념이 포함되다보면 그 만큼 뒷받침하는 데에도 어려움이 있을 수밖에 없다.

2) 뒷받침문장

뒷받침문장은 중심문장의 이유나 근거 또는 사례나 해설을 제공하여 독자가 중심문장을 이해하고 납득할 수 있게 하는 문장이다. 뒷받침문장은 중심문장의 내용에 따라 다양한 방법이 있을 수 있다. 논리적 근거나 이유가 필요할 수도 있고 쉬운 해설이나 구체적인 사례를 제시하는 것이 효과적일 수도 있다. 어떤 방법을 사용하여 얼마나 충분히 뒷받침하느냐는 글쓴이의 능력과 직접적인 관계가 있다. 단순하고 상식적인 수준의 뒷받침문장은 독자들에게 매력적으로 다가가지 못한다. 글쓴이가 주제에 대한 해박한 지식과 풍부한 자료 수집을 통한 통찰력을 지녔을 때 뒷받침문장은 그 역할을 충실히 수행할 수 있다.

중심문장의 내용에 따른 뒷받침문장 쓰기의 몇 가지 사례를 보면 다음과 같다.

이유나 근거의 제시

사람들은 육체노동의 소멸을 문명발달의 척도로 보지만 나는 쇠퇴의 징조로 본다. 예를 들어 사각의 링에서 두 권투선수가 싸운다고 하자. 한 선수는 양손에 권투 글러브만 끼고 다른 선수는 한 손에 칼, 또 한 손에 권총을 가지고 싸우면 어떻게 될까? 처음부터 싸움이 되지 않을 것이다. 반칙이기 때문이다. 그러나 그는 아무도 싸우려 하지 않는 링 위에서 스스로 챔피언 벨트를 차고 기고만장하고 있다. 나는 현재 지구상의 모든 생물종 가운데 우뚝 선 인간의 모습이 이와 같다고 생각한다. 아무도 알아주지 않는데 저 혼자 '만물의 영장'이니 '하나님의 모상'이니 떠들고 있다. 다른 생물종은 모두 제 몸을 가지고 싸우는데 인간만 무기를 들고 싸우는 격이다. 누가 이 반칙을 허락했나? 인간 스스로다. 도구 또는 무기의 발명으로 인해 인간은 다른 생물종을 발아래 둘 수 있었지만 자연의 법칙을 무시함으로써 생태계의 교란을 가져왔다. 이것은 자연계뿐 아니라 인간사회 내부에도 같은 결과를 가져왔다. 서로 우위를 차지하기 위해 끊임없이 도구와 무기를 개량한 결과 지금은 단추 하나로 전 지구를 날려버릴 정도의 무력을 갖추게 되었다. 육체노동의 소멸로 치닫는 이 과정은 '지속가능한 발전'과는 거리가 멀다. 급속한 몰락을 재촉하는 이상 발달 또는 미친 문명일 뿐이다.

– 출처 : 황대권, 「육체노동이 세상을 구원하리라」

사례 제시

근대에 와서 문자는 무기, 세균, 중앙집권적 정치 조직 등과 나란히 행진하면서 정복을 도왔다. 군주나 상인들이 식민지 개척을 위한 선단을 조직할 때에도 문서로 명령을 시달했다. 이들 선단은 종전의 원정에서 작성된 해도와 항해 지시서에 의거해 항로를 잡았다. 원정에 대한 보고서들은 정복자들을 기다리고 있는 기름진 땅과 그곳의 풍요로움을 묘사함으로써 새로운 원정의 동기가 되었고, 그 이후의 탐험가들에게 어떤 상황을 예상해야 하는지 알려줌으로써 미리 준비를 갖추도록 도와주었다. 그렇게 해서 세운 제국을 통치하는 일도 문자의 도움으로 이루어졌다. 물론 이 같은 여러 가지 정보는 문자를 모르는 사회에서도 다른 방법으로 전달할 수는 있었지만 문자가 있음으로 해서 쉽고 자세하게, 정확하게, 더욱 솔깃하게 전달할 수 있었던 것이다.

– 출처 : 제레드 다이아몬드, 『총, 균, 쇠』

3) 마무리문장

마무리문장은 문단의 중심내용을 다시 말하거나 예측이나 제안을 제공하는 기능을 한다. 하지만 모든 문단에 마무리문장을 쓸 필요는 없다. 글 전체의 구성에서 마무리에 해당하는 문단과 문단이 긴 경우에는 마무리문장을 통해 문단이 종결됨을 알림과 동시에 핵심사항을 요약하여 독자에게 이를 상기시켜 주는 것이 좋다. 문단의 서술 내용을 요약하거나 화제에 대한 최종 코멘트를 덧붙인다. 한 문단이 끝나는 것을 알려주는 표지로는 '결론적으로, 요약하자면, 따라서, 이처럼, 결과적으로' 등과 '이러한 예들은 …을 보여준다.', '…임이 분명하다.', '우리는 …을 알 수 있다.' 등이 있다.

문단의 핵심을 언급하며 마무리문장을 쓸 때 주의해야 할 점은 주제문장의 반복이 되어서는 안 된다는 점이다.

마이클 조던은 위대한 운동선수일 뿐만 아니라 경기장 안에서도 밖에서도 모두 신사이다. 그는 팀의 주장으로서 항상 지도력과 통제력을 잃지 않는다. 그는 결코 싸우지 않는다. 싸움이 벌어지면 그는 조용히 말린다. 경기가 끝난 후 그는 항상 단정한 옷을 입으며, 기자의 질문에 답할 때도 아주 예의바르게 한다. 그는 자선 재단에 기부하며 지역사회단체를 후원한다.

위 문단의 첫 문장은 중심문장이고 마지막문장은 마무리문장이다. 이 둘은 같은 내용을 말하고 있다. 즉 마무리문장에서 중심문장의 내용을 다시 언급한다. 하지만 완전히 다른 표현을 사용하고 있다. 이는 한 문단에서뿐만 아니라 글 전체에서도 마찬가지이다. 서론-본론-결론의 구성을 지닌 글에서 결론 부분이 하는 역할도 한 문단 내에서 마무리문장이 하는 역할과 비슷하다. 하지만 글 전체의 주제를 요약하고 강조한다고 해서 앞서 쓰인 문장표현을 그대로 반복하는 것은 글 전체의 가치를 떨어뜨리는 역할을 한다.

(3) 좋은 문단이 갖추어야 할 요건은 무엇인가

1) 통일성

문단의 통일성은 소주제와 이를 뒷받침하는 문장들 간의 내용적 일관성을 말한다. 하나의 문단 안에서는 오로지 하나의 중심 생각만을 다루어야 한다. 통일성을 유지하기 위해서는 모든 뒷받침 문장들이 중심문장에 나타난 문단의 중심 생각을 직접적으로 설명하고 밝혀주어야 한다. 화제와 관련이 없는 뒷받침문장을 써서는 안 된다.

> **민주사회는 개인의 다양성을 인정하고 그들의 가치관과 삶의 방식을 존중하는 것을 이상으로 삼는다.(중심문장)** 그렇기에 개인들은 사상의 자유를 가진다. 또한 어떤 개인의 삶이 타인들에게 구체적인 해를 끼치지 않는다면 그것을 제한할 수 없다. <u>민주사회의 정부는 이와 같은 점을 고려하여 구성원 누구에게나 일자리를 보장해야 한다. 오늘날 청년실업이 심각한 이유는 정부의 전폭적인 지원을 받은 대기업이 일자리 만들기와 투자를 게을리 하기 때문이다.</u>

위 문단의 밑줄 친 2문장은 중심문장에 드러난 내용에서 벗어난 문장들이다. 즉 문단의 통일성을 깨뜨리고 있다.

2) 긴밀성

긴밀성은 한 문장으로부터 다음 문장으로 넘어가는 것이 논리적이고도 자연스러워야 한다는 것을 말한다. 한 문단의 뒷받침 문장들은 논리적인 순서에 따라 배열되고, 적절한 이행어구로 연결됨으로써 독자가 이것을 읽고 이해하기 쉬워야 한다. 문장들 간에 어떠한 비약도 있어서는 안 되며, 각각의 문장은 다음 문장으로 부드럽게 흘러가야 한다. 문단의 긴밀성은 ㉠ 제재의 논리적 배열(시간적 순서, 논리적 세분화, 중요도, 비교/대조 등 화제의 종류와 글쓰기의 목적에 따라 달리 선택됨), ㉡ 적절한 이행어구, ㉢ 주요 단어 반복과 대명사 사용을 통해 유지할 수 있다. 다음 글은 문장 간의 긴밀성을 잘 보여주는 예이다.

> 우리가 아는 정보와 논리 중에 스스로 창조한 것이 얼마나 될까? 별로 많지 않다. 사실은 거의 없다. 대부분 누군가 다른 사람이 만든 것이다. 우리는 그 모든 것을 책, 방송, 신문, 인터넷, 대화를 통해 얻는다. 정보와 논리만 그런 게 아니다. 그것을 담은 어휘와 문장도 마찬가지다. 지식과 정보, 논리 구사력, 자료 독해 능력, 어휘와 문장, 논리적 글쓰기에 필요한 모든

것을 우리는 남한테서 받는다.

그 모든 것을 가장 효과적으로 받을 수 있는 경로는 책이다. 책을 많이 읽을수록 아는 것이 많아진다. 아는 게 많을수록 텍스트를 빠르게 독해할 수 있고 정확하게 요약할 수 있다. 텍스트를 독해하고 요약하는 데 능한 사람은 그렇지 않은 사람보다 같은 시간에 더 많은 책을 읽고 더 많은 지식과 정보를 얻는다. 그러면 글을 잘 쓸 가능성 또한 높아진다. 그래서 많이 읽지 않고는 잘 쓸 수 없다는 것이다. 글을 잘 쓰고 싶다면 독서광이 되어야 한다. 책을 읽지 않고 타고난 재주만으로 글을 잘 쓰는 사람은 없다. 글 쓰는 기술만 공부해서 잘 쓰는 사람도 물론 없다.

— 출처 : 유시민, 『유시민의 글쓰기 특강』, 생각의 길, 2015, 78~79면.

이 글에서 밑줄 그은 부분들은 적절한 이행어구와 논리적인 배열로 문장 간의 긴밀성을 높이고 있다.

3) 완결성

단락은 뒷받침문장들이 소주제문을 충분하게 지지할 수 있어야 한다. 소주제는 드러나는데 뒷받침하는 내용이 불충분하거나 내용을 엮어내는 뒷받침문장들은 충분한데 소주제가 불분명한 경우는 완결성을 갖추지 못한 것이다.

라다크에서의 생활을 지배하는 것은 계절이다. 아마도 지구상의 사람이 사는 어떤 곳보다도 더 그럴 것이다. 여름에는 햇볕에 탈 듯이 뜨겁고, 겨울에는 온도가 영하 40도까지 내려가 8개월 동안 온 지역이 얼어붙는다. 가장 혹심한 기후이다. 황무지의 텅 빈 골짜기들을 회오리바람이 몰아치고, 비는 너무 드물어서 그 존재조차 잊어버리기가 십상이다.

— 출처 : 헬레나 노르베리-호지, 『오래된 미래』 중에서

위 단락의 중심문장은 첫 번째 문장이다. 라다크에서의 생활이 계절의 영향을 가장 크게 받는다는 것이 이 문단의 중심적인 내용이고, 이를 뒷받침하기 위해 두 번째 문장부터 각 계절의 특성을 제시함으로써 문단의 완결성을 갖추고 있다.

(4) 문단에는 어떤 유형들이 있을까

모든 글은 글쓴이가 제시한 내용에 대해 독자가 쉽게 이해하고 충분히 공감할 수 있도록 하는 것이 중요하다. 하지만 이를 위한 문단 구성이 따로 정해져 있는 것은 아니다.

자신의 글을 어떤 유형의 문단으로 구성할 것인지는 글의 주제나 전개 방식 등에 따라 글쓴이가 스스로 결정해야 한다. 다만 효과적인 문단 구성을 위해서는 문단의 유형에 따른 특성들은 기본적으로 이해할 필요가 있다.

1) 중심문장 + 뒷받침문장들 (두괄식)

문단의 유형 중 가장 보편적으로 사용되는 것은 주제문장의 위치를 단락 처음에 놓는 유형이다. 흔히 두괄식이라 불리는 이 유형은 자신의 생각을 먼저 밝히면서 말하고자 하는 바를 분명하게 제시하는 방식이다. 이러한 유형은 독자가 글쓴이의 생각을 쉽게 이해하거나 공감할 수 있는 내용을 전개하는 데 주로 활용한다. 문단의 중심내용에 대한 독자의 거부감이 적기 때문에 보다 빠르고 쉬운 읽기가 가능하기 때문이다. 물론 그 반대의 경우, 즉 독자가 전혀 예상하지 못한 내용을 제시하면서 독자의 호기심을 불러일으킬 수도 있다. 이는 독자가 중심문장에 이어 나오는 뒷받침 내용들에 집중하게 하는 효과를 거둘 수 있다.

> **디지털 매체의 특징 중 하나는 검증받지 않은 정보가 쉽게 복사되어 확산되는 것이다.** '펌글' 혹은 '퍼옴'이라는 글이 그것이다. 이런 유형의 글로 몇 년 전부터 여러 밴드를 통해 유포되는 것이 있으니, '모르고 쓰던 말' 혹은 '올바른 조문 예절'이라는 제목을 지닌 동일한 내용의 무기명 글이다. 그 글은 몇 가지 조문 예절의 사례를 소개하는데, '삼가 고인의 명복을 빕니다'라는 문장의 끝에 마침표를 쓰는 것은 고인의 영혼이 좋은 곳으로 나아가는 것을 막는 행위이니 마침표를 쓰면 안된다고 한다. 그리고 각 단어 간 띄어쓰기 없이 '고인의명복을빕니다'여야 하며, '삼가'라는 부사는 고인의 이름을 언급하는 경우가 아니면 사용해서는 안된다고 주장한다.
>
> ― 출처 : 심두보, 「'고인의명복을빕니다'가 맞다고?」 중에서

위 문단은 '디지털 매체에 검증되지 않은 정보가 확산되고 있다'는 중심내용을 문단 앞부분에 제시한다. 독자들이 쉽게 이해하고 공감할 수 있는 내용이기 때문에 뒤에 제시된 사례 역시 어렵지 않게 수용할 수 있는 내용들이다.

2) 뒷받침문장들 + 중심문장 (미괄식)

미괄식이라 불리는 이 유형은 중심문장에 대한 충분한 근거나 설명이 먼저 제시되기 때

문에 문단의 논리성을 강화하는 효과가 있다. 두괄식에 비해 상대적으로 글쓴이가 제시한 내용에 독자가 쉽게 이해하거나 동의하기 어려울 때 주로 활용한다. 따라서 문단의 전반부에 충분한 근거를 제시하여 문단의 중심내용으로 자연스럽게 귀결되도록 구성하는 것이 중요하다.

> 처음 보는 내용이었다. 그런데 그 포스팅의 아래에는 매우 좋은 정보를 제공해주어 감사하다는 댓글이 무수히 달려 있다. 댓글이 가진 '칭찬 효과' 때문인지 이 글은 여러 밴드에서 계속 퍼 날라졌다. 그러더니 어느 때부턴가 밴드에 부고 소식이 오르면 거의 모든 댓글이 '고인의명복을빕니다'가 돼 버리는 것을 목격했다. 필자는 국립국어원 홈페이지를 찾아봤다. 홈페이지 '묻고 답하기' 코너에는 이에 대한 질문이 이미 여럿 올라와 있었다. 국립국어원은 "한글 사용의 기본 원칙은 각 단어 사이를 띄는 것이며, '삼가'는 '겸손하고 조심하는 마음으로 정중하게'의 뜻을 지닌 부사로서 그 사용 여부는 본인이 결정하는 것이고, 문장의 끝에 마침표를 쓰는 것이 맞다"라고 설명했다. **이 사례가 보여주는 것은 소통을 위한 소셜미디어 공간이 오히려 외부와 불통하는 '갈라파고스'가 될 수 있다는 점이다. 인터넷에서 대중은 자신의 입맛에 맞는 내용만 찾는 '확증편향'의 행태를 보이고 있고, 일부 소셜미디어는 '좋아요'가 메아리치는 반향실(echo chamber)이 되고 있다. 이러한 틈을 거짓정보가 쉽게 파고들어 사람들을 속이고 선동한다.**
>
> – 출처 : 위의 글

이 문단은 위 1)유형의 예문에 바로 이어져 있는 문단이다. 이 문단의 중심문장과 내용은 후반부에 제시되어 있다. 글쓴이는 전반부에 이를 뒷받침할 수 있는 내용들을 서술하고 있다. 만약 "소셜미디어 공간이 오히려 외부와 불통하는 '갈라파고스'가 될 수 있다"는 내용을 앞부분에 배치했다면 독자들은 그 내용을 쉽게 이해하고 수용하기 어려웠을 수도 있다. 하지만 문단의 앞부분에 중심내용을 뒷받침하는 충분한 과정을 제시했기에 읽기가 한결 수월해지고 자연스러운 내용의 전개가 이루어졌음을 확인할 수 있다.

3) 뒷받침문장 + 중심문장 + 뒷받침문장들 (중괄식)

보편적으로 문단의 구성은 두괄식과 미괄식을 취한다. 하지만 글의 구성과 전개에 따라 조금씩의 변형을 주기도 한다. 중괄식이라 불리는 이 유형은 두괄식 문단의 변형이라 할 수 있는데 주로 문단과 문단의 자연스러운 연결을 위해 사용한다. 글의 중간부분에서 많이 볼 수 있는 유형으로 글 전체의 문단이 모두 두괄식이나 미괄식으로 구성되면서 생길 수 있는 글의 단조로움에 변화를 줄 수 있다.

내가 더 당혹해한 것은 짐작 못 할 새말들이 급하게 많아진다는 점이다. '강추' '밀당' '열공' 같은 말은 앞뒤 문맥으로 겨우 알아챘고 '돌싱' '썸타다'는 자식에게서, '자기 경멸'의 '셀프디스'는 신문 기사로 배웠는데 우리말과 영어를 억지 축약했기에 그 뜻을 도저히 짚어낼 수 없었다. 근래 한 칼럼에서 "수포자는 대포자이고 영포자는 인포자"란 김삿갓의 희시(戱詩) 같은 말을 보고 어리둥절하다가 필자 이재현이 "수학 포기자는 대학 포기자이고 영어 포기자는 인생 포기자"로 풀이해 주어서야 알아들었다. 바빠진 일상에 마음은 다급해진데다, **새 사물과 기술, 특히 디지털 정보기술의 급격한 확산 때문에 '젊은 말'이 가림없이 마구 생겨나 번지는 오늘날의 언어생활에서 나 같은 아날로그 또래는 '늙은 꼴통'이 되고 세대간, 집단간의 불통은 더욱 심해진다.** 그 줄임말들에서 표의문자인 한자 약어는 쉽게 이해되지만 순우리말의 약어는 귀엽게 들리는 대신 알아듣기 까다롭고 영어와 뒤섞여서는 한참 고개를 갸웃거려야 한다. 이 신조어들의 상당수는 이미 신문에 버젓이 사용되고 있고, 권위 있는 옥스퍼드 온라인 사전이 분기마다 1천 개의 신어를 추가하듯이, 그중 많은 어휘들이 국어사전에 등재될 것이다.

— 출처 : 김병익, 「새말, 줄임말, 늙은 말」 중에서

위 문단은 빠르게 변화하고 있는 현대 사회의 언어 현상이 세대간, 집단간 불통을 초래한다는 중심내용을 담고 있다. 중간에 배치된 중심문장의 앞뒤에는 그러한 현상을 뒷받침할만한 사례들과 그에 대한 글쓴이의 생각이 드러난다. 이 문단의 앞에는 빠르게 변화하는 우리말의 문체적 변화 양상이, 뒤에는 이러한 현상들로 인해 우리말의 품격과 그윽한 정서가 사라져가는 것에 대한 글쓴이의 아쉬움이 배치되어 있다. 이 유형의 문단이 앞뒤의 내용을 자연스럽게 연결시키는 역할을 하고 있는 것이다.

4) 중심문장 + 뒷받침문장들 + 중심문장 (양괄식)

양괄식이라 불리는 이 유형은 주로 글의 결말 부분에 많이 사용된다. 결말은 글의 서두와 본문에서 이루어진 논의를 정리하여 요약하고 논점을 보다 넓은 안목에서 조망하면서 글을 마무리해야 한다. 서두와 본문에서 다룬 중심 내용을 결말 문단의 앞과 뒤에 제시함으로써 강조의 효과를 거두며 글을 갈무리하는 것이다. 이때 주의해야 할 것은 한 단락에 있는 두 개의 중심문장이 그 내용은 같지만 표현은 달라야 한다는 점이다.

과학이 시민 모두의 교양으로 삼을 만한 가치가 있으면서 동시에 가치중립적일 수는 없다. 교양은 가치중립적인 정보의 집합이 아니다. 한 사회가 중요하게 여기는 가치가 쌓여서 표출되는 것이다. 교양은 단지 전문 지식을 쉽게 풀어서 습득하는 것이 아니라 그 지식을 밑천으로

하여 가치 있는 사회적 삶을 꾸려나가는 경험을 통해서 축적되고 확장된다. 4대강과 원전에서 인공지능과 기후변화까지 과학의 문제를 푸는 것은 곧 한국 사회가 지향하는 가치를 표현하고 실천하는 일이다. '테크니컬'한 과학만으로 이 문제들을 해결할 수는 없다. **'가치를 품은 과학'이라는 교양이 필요하다.**

– 출처 : 전치형, 「과학이라는 교양」 중에서

위 문단은 과학이 가치중립적이어야 한다는 기존의 견해에 대해 현실의 문제를 해결해야 하는 가치를 품어야 한다는 주장을 담은 글의 마지막 문단이다. 글쓴이는 앞서 제시했던 내용들을 토대로 자신의 주장을 정리하며 마무리하고 있다. 첫 번째 문장과 마지막 문장은 맥락 상 같은 의미이지만 그 표현을 달리하고 있다. 그리고 글 전체의 중심내용을 마지막 문장에 단적으로 정리해서 드러내고 있다. 이 유형의 특징은 중심문장의 위치를 바꾸어도 문단 구성에 아무런 문제가 없다는 점이다. 위의 문단도 첫 문장과 마지막 문장의 위치를 바꾸어도 글쓴이의 논지 전개에 변함이 없음을 확인할 수 있다.

5) (주제문장) + 뒷받침문장들

문단 중에는 중심문장이 겉으로 그러나지 않는 문단이 있다. 굳이 중심문장을 제시하지 않더라도 독자가 문단의 내용을 충분히 이해할 수 있을 때 사용하는데 주로 예시나 부연 단락이 그러하다. 상세한 예시나 부연설명을 통해 독자가 문단의 내용과 역할을 이해할 수 있음에도 불구하고 중심문장을 제시하면 글 전체의 탄력성을 떨어뜨려 중언부언하는 느낌을 줄 수 있다. 한편 하나의 문장으로 쉽게 정리할 수 없는 내용, 즉 추상적인 느낌이나 감정을 제시하는 문단에서도 중심문장을 생략할 수 있다. 느낌이나 감정은 사람마다 다를 뿐 아니라 그 양상도 다양하기 때문이다.

(문단 1) 오랜 국어 수업과 시험을 통해 우리는 항상 '표준어가 늘 옳다'는 생각에 젖어 있다. 표준어가 아닌 방언과 비표준어는 배제의 대상이 된다. 비표준어의 대표는 통속어들이다. 길거리에서 굴러다니면서 생겨난 말들이다. 대개는 통속어를 못난 어휘로 여기지만 사실 표준어 주변에 꽤 유용하게 쓰인다.

(문단 2) 간단한 예를 들어 '원수'라는 말을 생각해 보자. '원수'는 적대적인 상대를 일컫는다. '웬수'는 그것의 방언형이다. 그러나 그 쓰임새를 보면 '웬수'와 '원수'는 분명히 다르다. '원수'는 적개심을 가지고 쓰지만 '웬수'는 오히려 애정을 가지고 사용한다. 주로 여성들이

남편이나 자식들이 속을 썩일 때 쓰지 않는가?

(문단 3) 음식 중에 '아구찜'이란 것이 있다. 그런데 그 이름의 '아구'는 틀리고 '아귀'가 맞다. 아무리 마음먹고 '아귀찜'이라고 해도 그 음식의 맛이 당겨오지 않는다. 입맛 돌게 하는 말은 아무리 보아도 '아구찜'이다. 아귀는 불교에서 말하는 굶주린 귀신을 일컫는 말로 더 적당하다.

(문단 4) 바람직한 다른 예로 '힘'의 방언 형태인 '심'이 들어간 '밥심'의 경우가 있다. '심'이 '힘'의 방언이지만 언어 현실 속에는 오로지 '밥심'만 있다. 그렇기에 '입심', '뱃심'하고 하나의 계열처럼 규범 어휘 안으로 받아들였다.

(문단 5) 표준어는 옳으냐 그르냐의 문제라기보다는 유용함의 여부로 판단하는 것이 낫다. 따라서 그 타당성의 기준을 좀 더 너그럽게 할 필요가 있다. 언어는 반듯한 것보다는 풍부하고 다양한 쓰임새가 중요하다. 그래야 궁극적으로 규범의 권위도 더 강해진다.

– 출처 : 김하수, 「통속어 활용법」

위 글은 크게 5개의 문단으로 구성된 짧은 글이다. 이 5개의 문단 중 3개의 문단이 모두 예시문단이다. 문단(1)은 통속어가 표준어 주변에 꽤 유용하게 쓰이고 있음을 말하고 있는데 그 구체적인 사례를 뒷받침하는 예시문단이 문단(2), (3), (4)이다. 이러한 예시문단의 경우 별도의 중심문장이 필요 없는 이른바 뒷받침문단의 기능을 하고 있다. 구체적인 사례들이 제시된 이 3문단이 통속어가 지닌 유용함을 반영한 표준어 규정의 필요성을 제시하는 문단(5)과도 자연스럽게 연결된다.

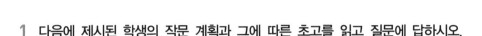
1 다음에 제시된 학생의 작문 계획과 그에 따른 초고를 읽고 질문에 답하시오.

[학생의 작문 계획]

o 예상 독자 : 같은 학과 학생들

o 주제 : 새로운 광고 기법에 대한 이해와 비판적 인식 촉구

o 글의 구성

　– 1문단 : 새로운 광고 기법의 등장 배경을 제시해야겠어.

　– 2문단 : 검색 광고에 대해 살펴야겠어.

　– 3문단 : 기사형 광고에 대해 살펴야겠어.

　– 4문단 : ㉠새로운 광고 기법의 문제점을 언급하고, 이 광고 기법에 대한 매체 이용자들의 비
　　판적 인식을 촉구해야겠어.

[초고]

　[우리는 인터넷, 신문, 잡지 등의 다양한 매체를 이용하면서 수많은 광고에 노출된다. 이러한 광
고는 다양한 매체에서 여러 유형으로 나타나는데, 이는 매체 발달에 따라 매체별 광고 기법도
다양해졌기 때문이다. 하지만 매체 이용자들은 이러한 광고를 불필요한 정보로 판단해 회피하
는 경향이 있다. 이에 대응하여 매체 이용자들이 거부감 없이 광고를 수용하도록 하는 새로운
광고 기법이 등장하고 있다.]

　인터넷에서 이용자들의 눈길을 끄는 광고 기법으로 검색 광고를 들 수 있다. 검색 광고는 검색
창에 검색어를 입력하면 검색 결과와 함께 검색어와 관련된 다양한 광고가 노출되도록 하는 광
고이다. 검색 광고는 불특정 다수에게 노출되는 기존 인터넷 광고와 달리 특정 대상에게만 노출
되지만, 검색 결과와 비슷한 형태로 제시되므로 이용자들에게 마치 유용한 정보인 것 같은 착각
을 일으킨다.

　신문이나 잡지 등에서 새롭게 사용되는 광고 기법으로 기사형 광고를 들 수 있다. 형식이나 내
용이 기사와 확연히 구분되었던 기존 광고와 달리 기사형 광고는 기사처럼 보이는 광고를 말한
다. 기사형 광고는 기사처럼 보이기 위해 제목에서 특정 제품명을 드러내지 않으며, 전문가 인터
뷰나 연구 자료 인용을 통해 유용한 정보를 제공하는 것처럼 꾸며 독자의 관심을 끈다. 그러면
서 가격, 출시일 등의 제품 정보를 삽입하여 독자의 소비 심리를 자극한다. 하지만 이러한 점 때
문에 독자들이 기사형 광고를 기사로 오인할 수 있으므로 '특집', '기획' 등의 표지를 사용하는
것이 제한되어 있다. 또한 기자가 작성한 글로 착각하지 않도록 글 말미에 '글 ㅇㅇㅇ 기자'와 같

은 표현도 사용하지 못하도록 되어 있다.

광고를 접할 때 매체 이용자들은 이러한 광고 기법들의 문제점을 정확히 인식할 필요가 있다.

검색 광고와 기사형 광고는 모두 ⬜   ⬤

– 출처 : 2017학년도 수능

㉠을 바탕으로 초고의 마지막 문단을 완성하시오.

-----

2 다음 소주제문을 첫 문장으로 하여 문단을 펼쳐 보자.

오늘날 한국 사회에서 가장 큰 당면 문제는 (   )이다.

-----

3 스스로 소주제를 정해 한 문단을 완성하시오.

제 3 장
글쓰기의 과정

1. 계획하기

글쓰기의 과정은 크게 계획하기, 집필하기, 퇴고하기 단계로 나누어진다. 흔히 글쓰기를 하면서 계획하기 단계는 쉽게 지나쳐버리고 무조건 연필을 들거나 키보드를 두드린다. 그러나 그렇게 시작하려 해도 좀처럼 내용을 쓸 수는 없다. 이는 막연한 상태에서 무턱대고 글을 쓰려 하기 때문이다. 계획 없는 여행이 색다른 경험을 주듯 계획 없이 쓰는 글이 가끔은 소 뒷걸음치다 쥐 잡는 격으로 좋은 글을 선사한다고 믿는 사람들이 있다. 그러나 이는 일기나, 독서 감상문처럼 개인적인 감상을 담은 글인 경우일 것이다.

보통 우리가 밥을 먹으려고 할 때, 즉흥적으로 메뉴를 결정하지 않는다. 예를 들어 간단하게 점심을 먹으려고 한다. 머릿속에 떠오르는 메뉴들을 정리한다. 지금까지 먹었던 음식 중에 먹고 싶은 것이 없다면 배달음식 책자나 인터넷으로 음식들을 찾는다. 그리고 선택한 음식들에 대한 맛을 상상하고 더불어 그 음식을 만드는 과정이나 가격까지도 꼼꼼하게 생각한다. 이런 과정이 끝나야 음식의 메뉴가 결정된다.

글도 마찬가지다. 계획 없이 글을 썼다고 하지만 사실 첫 문장을 쓰기까지 수많은 생각 끝에 나온 결과물이다. 머릿속으로만 생각을 정리하면 놓치는 부분이 생기거나 처음 생각한 내용이 아닌 전혀 다른 글이 될 수도 있다. 미국의 소설가 존 바스는 "어떻게 끝내야 할지도 모르고 소설을 시작하는 사람도 있다는데, 나로선 도저히 이해되지 않는다. 나는 철저히 계획을 세워서 써 나간다. 그 계획 속엔 소설을 몇 개의 장으로 나눌 것인지에 대한 것도 포함된다."[1]고 했다. 즉, 좋은 글을 쓰기 위해서는 계획하기 단계가 반드시

---

1) 제임스 르쿨락, 『아이디어 블록』, 명로진 역, 토트, 2010, 19면.

필요하다.

토론문이나 주장하는 글을 쓰면서 자료의 양이나 방향에 따라 찬반에 대한 결정이 변했던 경험이 있을 것이다. 찬성하는 주장을 펼치다가도 독자(혹은 청자)가 누구냐에 따라, 수집한 자료의 내용이 무엇이냐에 따라 반대의 주장으로 바뀌는 경우가 있다. 이는 글쓰기의 과정이 순차적으로 단계, 단계 이루어지는 것이 아니라 글을 쓰다가 다시 자료를 찾기도 하고, 자료를 찾다가 목적을 바꾸기도 할 수 있는 복합적인 과정이기 때문이다.

계획하기에는 목적에 따른 주제를 설정하고, 누구를 대상으로 글을 쓸 것인지를 생각해, 대상의 눈높이에 맞춰 주제를 잘 드러낼 수 있는 글감(화제)을 찾아 내용을 생성하고 구성하는 전 과정을 의미한다. 즉 글쓰기 전 활동으로 글을 쓰기 위한 준비과정이라고 할 수 있다.

(1) 이 글을 쓰는 이유는 무엇인가?

글을 쓰는 데는 다양한 이유가 있다. 제품설명서는 제품을 사용할 때 어떻게 하는 것이 좋은지에 대해 말해주기 위해 쓴다. 사설은 어떤 사건이나 상황에 대한 자신의 입장에서의 해석을 드러내고 자신의 생각이 옳음을 드러내기 위해, 나아가 자신의 생각에 동조할 수 있도록 하기 위해 글을 쓴다. 이런 글이 아니더라도 메신저의 대화도 SNS의 사진과 함께 올린 짧은 문장에도 우리는 목적을 가지고 쓴다.

글을 쓰기 위해서는 어떤 목적을 가지고 쓰느냐가 중요하다. 목적에 따라 글의 종류가 달라질 뿐만 아니라 글을 쓰는 방법이나 문장을 완성하는 방법도 달라진다.

> **예시** 목적이 다른 다음 글들을 읽고 목적이 글을 쓰는 데 어떤 영향을 미치는지 이야기해 보자.
>
> 악성 댓글(惡性댓글) 또는 악성 리플(惡性reply, 간단히 악플)은 사이버 범죄의 일종으로 인터넷상에서 상대방이 올린 글에 대한 비방이나 험담을 하는 악의적인 댓글을 말한다. 악성 댓글은 언어폭력으로, 근거를 갖춘 부정적 평가와는 구별해야 한다. 악성 댓글을 다는 사람을 악플러(←악플+er)라고도 한다.
>
> 악성 댓글은 상대방에게 모욕감이나 치욕감을 줄 우려가 있다. 악성 댓글은 법적으로 제한되기도 하는데, 대한민국에서는 보통 정보통신망 이용촉진 및 정보보호 등에 관한 법률 또는 형법에 의해 규제되었다.   — 출처 : 위키백과
>
> 인간의 삶에서 '휴대성'의 의미만큼 중요한 것도 드물 것이다. 휴대성을 제공하는 물체

는 우리 삶을 확 바꾸어 놓는 경향이 있다. 영화에도 나오듯 각 개인이 일상에서 권총을 휴대한다는 사실, 그것은 모든 서부극의 핵심이다. 그 이야기의 주제와 플롯이 무엇이든 —개척이든, 우정이든, 사랑이든, 복수든—개인 휴대 권총은 이야기가 전개되는 상황을 결정한다.

그런데 황야의 '건맨(Gun-man)'이 서부 개척 시대의 상징이라면, 거리의 '폰맨(Phone-man)'은 정보 통신 문명 시대의 상징이다. 물론 '건우먼'에 대해 언급할 일은 거의 없지만, 오늘날 '폰우먼'을 거론하지 않으면 남녀평등 위반으로 비난받을지 모른다는 차이는 있다. 또한 서부의 건맨들은 총알을 쏘아 대지만 현대의 폰맨들은 폰을 뽑아 들고 말을 쏘아 대는 것도 다르다.

하지만 건맨과 폰맨의 유사점은 참으로 많다. 그것은 대부분 휴대성 때문에 파생된 특성들이다. 그들은 항상 휴대하는 '건'과 '폰'을 애지중지하며 잠시도 몸에서 떼어놓지 않으려는 경향을 보인다. 그리고 그것을 장식하는 데 열을 올린다. 실제로 건맨들은 권총 장식에 신경을 많이 쓴다고 한다. 예를 들어 상아 손잡이를 단다든가, 총신에 금박을 넣는다든가 했다. 오늘날 멋들어지게 장식한 휴대 전화를 보는 것도 그리 어려운 일이 아니다.

아이들까지 권총과 휴대 전화에 열광하는 데는 여러 가지 이유가 있겠지만 우선 멋있다는 느낌을 주기 때문이다. 서부 영화의 고전이랄 수 있는 조지 스티븐스 감독의 '셰인"에서 주인공 꼬마 조이는 셰인의 그 멋진 상아 손잡이 권총에서 눈을 떼지 못한다.

요즘 폰맨과 폰우먼들은 휴대 전화 배터리를 하나 이상 가지고 다니기도 한다. 사용량이 많다 보니 갈아 끼울 필요가 생긴 것이다. 마치 건맨들이 총알을 줄줄이 끼운 탄띠혁대를 차고 다녔던 것처럼 말이다. 또한 건맨들이 총을 손가락에 끼워 휘휘 돌리기도 하고 총집에서 뺐다 넣었다 했던 것처럼, 폰맨들도 폰을 다양한 방식으로 작동하고 만지작거리는 데에 쉼이 없다.

그리고 흔히 간과하는 것이지만 휴대성은 양의 변화를 급속하게 초래한다. 너무도 당연히 휴대성을 제공하는 물체는 각 단체나 각 가정의 숫자가 아니라 각 개인의 숫자만큼 보급되는 경향이 있기 때문이다. 그리고 휴대성은 곧바로 일상성에 연계된다. 매일 밤낮으로 가지고 다닌다는 말이다. 이제 꼭 필요할 때의 사용과 이른바 잡담과 수다로 간주하는 것을 위한 사용 사이의 비율은 어쩌면 전도되었는지도 모른다. 하긴 삶의 필요성이라는 것이 매우 상대적인 것이지만…….

과다한 사용에 따라 공동체 생활 속에서 남에게 괜한 피해를 줄 수 있는 가능성 때문에 그에 따른 매너가 필요하다는 점도 둘 사이의 유사점이다. 그래서 공동체 평화의 필요에 따라 건맨들이 그랬던 것처럼 폰맨들도 자신들의 휴대품을 공연장, 교회, 강당 등 특정한 장소에서는 입구에 맡겨야 할 상황이 벌어진 것이다. 그렇게 되면 애지중지하면서 한시라도 떼어 놓을 수 없는 물체와 안타깝게 잠시라도 떨어져 있어야 한다.

결론적으로 건맨과 폰맨 사이의 가장 큰 유사점은 그들이 일상 속 문명과 야만의 두 얼굴을 가지고 있다는 사실이다. 그것은 또한 인간의 두 얼굴이기도 하다.

– 출처 : 김용석, 「건맨과 폰맨」 중에서

(2) 누가 읽을 것인가?

글을 쓸 때 흔히 실수하는 것 중에 하나가 글을 읽을 누군가를 생각하지 않고 나만의 생각에 빠져 글을 쓰는 것이다. 그러나 독자에 대한 배려가 없는 글은 목적을 제대로 실현시키기 어렵다. 따라서 글을 쓸 때에는 읽을 사람에 대한 충분한 검토가 필요하다.

예상 독자는 크게 두 부류로 나눌 수 있다. 특정 독자와 불특정 독자이다. 특정 독자는 글쓴이가 잘 알고 있는 사람으로 이미 읽을 사람이 누구인지 정해져 있다. 편지글이나 이메일, 보고서 등이 대표적이다. 이 경우에는 이미 예상 독자와의 관계가 명확하므로 독자의 기대 수준에 맞는 글을 작성하기 쉽다. 보고서를 작성할 때 담당 교수의 특성에 따라 내용, 분량, 형식 등이 달라지는데, 이는 예상 독자의 기대 수준에 맞춘 독자 분석의 결과라 할 수 있다.

그러나 불특정 독자를 대상으로 하는 글은 독자의 연령, 지식 수준, 상황 등을 알 수 없으므로 예상 독자가 어떤 것을 기대하고 있는지 추정해야 한다. 따라서 특정 독자를 대상으로 하는 글보다 면밀한 분석이 필요하며, 독자와 공유할 수 있는 경험이나 신념을 최대한 찾는 것이 중요하다.

예시   예상 독자가 누구냐에 따라 글을 쓰는 데 어떤 차이점이 있는지 이야기해 보자.

이제는 국어문법에 관한 지식이 우리 일상생활의 일부가 되고, 교양 있는 사람들이 반드시 갖추어야 할 조건이 되었다. 글을 짓거나, 새 말을 만들어 써야 할 일이 있을 때, 그리고 바른 문자생활을 하기 위해서 일정한 수준의 문법지식이 있어야 한다. 그만큼 국어문법의 일반인들에 대한 보급이 절실하다.

이 책은 올부터 가르치게 되어 있는 단일문법의 체계에 준거하여 우리말의 형태구조와 통사구조 전반을 될 수 있는 대로 쉽게 풀어서 서술한 것이다. 본래는 사범대학 국어교육과 학생과 중·고등학교 국어 교사를 대상으로 엮었으나 '응용 분석'이나 '연습 문제'를 활용하기에 따라서 교육대학이나 일반 대학 국문과 학생들도 교재로 쓸 수 있을 것이며, 학교를 떠난 지 오래된 일반 교양인들에게도 쉽게 읽힐 수 있을 것이다.

– 출처 : 남기심·고영근, 「머리말」, 『표준 국어문법론』 중에서

> 파워풀한 터보엔진의 퍼포먼스와
> 리어멀티링크서스펜션의
> 안정감 드라이빙의 재미를 불어넣다.
> 고마력 1.6 터보 엔진의 파워는 리어 멀티링크 서브펜션의 안정감과 대용량 브레이크의 제동력으로 더욱 완벽해집니다.
> 더 재밌는 드라이빙을 위한 D컷 스티어링 휠과 6단 수동변속기 7단 DCT 그리고 패들 쉬프트가 선사하는 변속의 재미로 아반떼 스포츠만의 드라이빙은 더욱 특별해집니다.

(3) 주제를 어떻게 설정할 것인가?

 a. 분리수거는 재활용품을 수거하는 기본 과정이다.
 b. 분리수거를 통해 환경 문제를 해결할 수 있다.

두 문장을 보면 의도가 들어 있는 문장과 그렇지 않은 문장을 쉽게 구별할 수 있을 것이다. 두 번째 문장(b)은 환경문제를 해결하기 위해 필요한 것이 분리수거라는 화자의 의도를 드러내고 있다. 이렇게 글을 쓰는 사람이 어떤 의도로 글을 쓰고 있는지 알 수 있는 문장이 주제(문)이며 그 주제를 뒷받침하고 이야기를 이끌어 갈 수 있는 소재를 제공하는 것이 바로 화제(문)이다.

▌주제를 선정할 때 주의할 점

　첫째, 필자가 관심을 가진 주제를 선택한다. 스스로 가장 쓰고 싶거나 꼭 써야 할 주제가 아니면 흥미도 없어지고 성실성도 없게 마련이다.

　둘째, 자신이 소화해 낼 수 있는 주제인지 아닌지 실현가능성을 생각해야 한다. 아무리 관심이 있다 하더라도 그에 대한 체험이 없거나 자료수집, 실험 등이 불가능한 주제는 다루기는 어렵다.

　셋째, 주어진 분량에 맞는 주제를 선택한다. 문장 전체의 분량과 조화되도록 주제를 한정시켜야 한다. 지나치게 큰 문제를 다루면 공소한 관념에 빠지기 쉽다.

　넷째, 독자에게도 관심과 흥미를 줄 수 있는 주제를 선택한다. 좋은 주제란 진실하면서도 읽는 이의 관심과 흥미를 불러일으킬 수 있어야 한다. 문장은 독자와의 관계 속에서 그 기능과 효과가 성취될 수 있으므로 필자만의 관심과 흥미에 일방적으로 치우치면 안 된다.

다섯째, 읽을 만한 가치가 있는 주제여야 한다. 글의 주제는 삶의 보편적인 가치 기준을 담고 있어야 한다. 구성과 표현이 아무리 잘된 글이라 해도 내용이 진실하지 못하면 좋은 주제라고 할 수 없다.

환경문제를 해결하는 방법으로 '분리수거'라는 화제를 이용하고 있지만 이 외에도 토양오염, 수질오염, 대기오염, 해양오염에 대한 이야기나 사람들의 인식에 대한 이야기로 재활용품을 활용하는 방법 등 다양한 화제를 이용할 수 있다. 화제를 선택할 때에는 주제를 가장 잘 드러낼 수 있는 것이면서도 글을 쓰는 사람이 가장 잘 알고 있고 흥미 있는 부분인 것이 좋다. 잘 알고 있어야 예상 독자의 기대에 맞추어 내용을 구상할 수 있기 때문이다.

즉 목적과 예상 독자에 따라 주제를 드러내기 위해서는 어떤 재료를 활용하느냐, 즉 어떤 화제를 선택해 글의 내용을 구성하느냐가 중요하다. 맛있는 음식은 좋은 재료가 바탕이 되듯 좋은 글을 쓰려면 의미 있는 화제가 필요한 법이다.

화제 설정 방법에는 브레인스토밍, 강제 결부법 등이 있다.

① 브레인스토밍

'두뇌폭풍'이란 말뜻과 같이 특정한 문제나 주제에 대해 두뇌에서 마치 폭풍이 몰아치듯이 생각나는 아이디어를 모두 내놓는 기술이다. 이는 유창성과 융통성 있는 사고력 신장에 도움을 준다.

브레인스토밍은 개별 활동이나 조별 활동 모두에서 활용할 수 있는 아이디어 발상방법으로 유창하고 융통성 있는 사고에 도움이 된다. 유연하고 풍부한 화제를 찾을 수 있으며 이를 통해 주제에 맞는 화제를 선택할 수 있는 재료를 구성해 낼 수 있다.

개별 브레인스토밍

주제와 관련하여 떠오르는 화제를 나열한다.
주제를 드러내기에 가장 적합한 화제들을 선택한다.
선택된 화제를 바탕으로 문장(화제문)으로 표현한다.
화제문을 바탕으로 주제를 드러날 수 있는 주제문을 확정한다.

조별 브레인스토밍

조별 브레인스토밍은 4~5명의 인원이 주제를 바탕으로 자유롭게 의견을 교환하며 화제를 찾는 방법이다. 경험과 사고의 범위가 다른 의견들을 접하면서 사고의 폭을 확장하고 주제에 접근하는 다양한 방법을 공유할 수 있게 되는 장점이 있다. 그러나 이러한 과정에서 사고의 차이를 인정하지 못하고 의견 충돌이 일어날 수 있으므로 다음 규칙을 준수해야 한다.

1. 비판금지

아이디어의 산출을 저해하는 비판이나 평가 또는 판단을 마지막까지 피해야 한다는 것이다. 이 규칙은 비판엄금, 비판금물, 평가보류, 평가 유보라는 단어로 사용되기도 하는데, 사용하는 사람에 따라 약간의 차이는 있지만 '평가유보(deferred judgement)'의 개념으로 받아들이면 된다.

2. 자유분방

창의적인 사고는 자유로운 분위기에서 일어난다. 자유로운 느낌이나 생각을 표현하게 함으로써 두뇌 활동은 더욱 촉진되고, 더 많은 양의 아이디어를 낼 수 있다. 그러므로 상식을 벗어난 다소 어리석어 보이거나, 엉뚱한 아이디어를 수용할 때 오히려 참신한 아이디어를 찾아낼 수 있다.

3. 질보다 양

질 높은 아이디어보다는 많은 양의 아이디어가 더 중요하다. 많은 양의 아이디어 속에서 질 높은 아이디어가 나올 수 있다고 보기 때문이다. 그러므로 어떤 평가도 내리지 않고, 생각할 수 있는 모든 아이디어를 떠올려 보는 것이 중요하다.

4. 결합과 개선

이 규칙은 남의 아이디어에 편승한다는 의미로 '히치하이크'나 '무임승차'라고 불려지기도 한다. 타인의 아이디어로부터 착안하여 자신만의 아이디어를 생각해 내거나, 2개 이상의 아이디어를 결합하여 제 3의 아이디어를 내놓는 것을 의미한다.

② 강제 결부법

이질적인 것들을 강제로 관계를 맺도록 하는 방법으로 어떤 사물이나 아이디어를 색다르게 생각해 보는 능력을 기를 수 있는 방법이다. 전혀 생각하지 못했던 기발하고 참신한 아이디어를 이끌어 낼 수 있다.

먼저 문제를 제시하고 문제마다 3-4가지의 해답을 내도록 한다. 처음부터 어려운 문제를 제시하면, 해답을 구하는 데 시간이 많이 걸리므로, 쉬운 문제에서 어려운 문제로 진행하는 것이 좋다.

예시	세탁기는 귀금속과 같은 것이다.	텔레비전은 박쥐와 같다.
	– 여자들이 주로 사용	– 주로 저녁시간에 활동
	– 손을 이용	– 전파를 내보냄
	– 여자들의 마음을 기쁘게	– 보는 부분(눈, 브라운관)의 색이 검다.

(4) 어떤 자료를 바탕으로 할 것인가?

주제가 정해졌다면 이를 뒷받침해 줄 수 있는 자료를 수집하고 정리하여 작성자의 관점에서 분석해야 한다. 자료의 신뢰성과 다양성, 풍부함, 참신성, 주제에 맞는 적합성 등이 보고서의 충실도를 좌우하는 중요한 요소가 되므로 자료수집에 각별히 신경을 써야 한다. 자료의 수집과 검토 과정에서 작성하고자 하는 과제의 성격이 더욱 명료해지기도 하고 때로는 새로운 문제점들이 도출되기도 한다. 따라서 자료가 어느 정도 모아지고 자료의 검토가 끝난 후 보고서를 작성해 가는 과정이라도 필요하다면 다시 보충자료를 수집해야 한다.

자료를 수집할 때에는 먼저 개설서를 통해 목록을 작성해 보는 것도 좋은 방법이다. 그것을 바탕으로 최근의 자료까지 찾는 것이다. 대학교육에서 학생들에게 보고서를 작성하도록 하는 목적은 여러 가지가 있지만 그 중에서 학생들 스스로가 자료를 찾아 분석하고 주어진 주제에 대해 다양하고 깊이 있게 사고하는 훈련을 하도록 하는 경우도 있다. 따라서 작성자가 수집한 자료에 오류나 왜곡은 없는지 철저히 확인해야 한다. 특히 인터넷 상에 수집한 자료 중 그 출처가 불분명한 자료에 대해서는 확인이 불가능하다면 함부로 인용하는 것은 금물이다. 일반적으로 학습 보고서에서 수집된 자료는 글쓴이의 주제를 뒷받침하는 논거로 활용되기 때문에 공신력 있는 자료를 수집하는 것은 보고서의 질을 결정하는 중요한 요소이다.

자료를 구하기가 어려운 경우에는 먼저 구한 자료를 읽어가면서 자료를 수집하는 것이 좋다. 자료를 읽다 보면 그 안에 참고문헌을 통해 새로운 정보를 얻을 수 있기 때문이다. 자료를 읽으면서 자신이 써야 하는 보고서에 필요한 부분은 따로 정리할 필요가 있다. 인용할 자료의 내용과 성격에 따라 직접 인용할 대상, 요약 인용할 대상, 바꿔 인용할 대상 등으로 자료를 구분하여 정리하면 보고서 집필과정에서 이를 용이하게 사용할 수 있기 때문이다. 아울러 자료를 정리하면서 작성자의 생각이나 평가를 간단하게 메모하는 것도 도움이 된다. 그리고 서지사항과 발췌한 부분이 어느 페이지인지까지 정확하게 기록해 두어야 한다. 이는 보고서에 인용문을 넣을 경우 그 출처를 밝혀 두어야 하기 때문이다.

(5) 자료는 어떻게 모을까?

1) 자료 검색하기

학술적 글쓰기에서 주장의 타당성을 확보하려면 관련 자료를 찾아 효과적으로 활용하는 것이 중요하다. 글쓴이는 글의 목적에 맞게 활용하려는 자료를 직접 인용하거나 바꿔 쓸 수 있다. 또한 주요 아이디어라든가 데이터를 요약하고 해석하여 제시할 수 있다.

다양한 자료를 효과적으로 검색하는 것은 좋은 글을 쓰기 위해 반드시 필요한 작업이다. 보고서나 논문을 작성하려면 도서관에서 책을 찾거나, 학술 데이터베이스에서 제공하는 정보를 잘 검색할 줄 알아야 한다.

2) 도서관 이용하기

인터넷이 일상화되어 있는 시대에 학생들은 학술적인 글을 작성하는 데 필요한 정보는 대학도서관, 국회도서관, 국회중앙도서관 등에서 찾을 수 있다. 특히 국내외의 대학들은 정보 자료들을 교환하는 상호대차 협약을 맺고 있기 때문에 어느 한 대학의 도서관에 들어가기만 해도 필요한 자료들을 얻는 것이 가능하다.

공주대학교 도서관 홈페이지에서도 다양한 국내외 자료들을 검색할 수 있다.

〈공주대학교 도서관 홈페이지〉

〈공주대학교 도서관 홈페이지 웹 자료 검색 창〉

자료 가운데에는 학술 자료로서 한계가 있는 경우가 많다. 공신력 있는 자료를 찾는 것은 학술적 글쓰기에서 매우 중요하다. 오래된 자료나 귀중본 자료를 열람하려는 경우에는 각 대학도서관을 비롯하여 국회도서관이나 국립중앙도서관의 정보 자료 검색을 통해 소장 여부와 열람 가능 여부를 확인하고 직접 방문해야 한다.

3) 그 외 자료수집의 방법들

공주대학교 도서관 홈페이지 하단에는 국립중앙도서관, 국회도서관, RISS(학술연구정보서비스), NDSL(과학기술정보시스템), FRIC(외국학술지지원센터) 등 추천 사이트가 링크되어 있어 이를 잘 활용한다면 각 분야의 연구 성과가 담긴 좋은 자료들을 수집할 수 있다. 다만 일반적인 포털사이트 검색 시스템을 이용하는 것은 많은 주의가 필요하다. 지나치게 많은 자료가 제시되어서 자신에게 필요한 자료가 어떤 것인지 일일이 살펴보는 데에 많은 시간이 허비되기도 하고, 보고서의 참고문헌으로 사용하기에는 적절하지 않은 자료가 상당수이기 때문이다. 특히 개인의 블로그나 홈페이지 등에 실려 있는 글은 그 내용이 합리적이고 신선하다고 해도 신뢰성에 문제가 있기 때문에 그 출처를 확인할 수 없는 내용은 사용하지 말아야 한다.

문화콘텐츠닷컴(http://www.culturecontent.com/)

민족문화추진회(http://minchu.or.kr/MAN/index.jsp)

브리테니커 온라인(http://premium.britannica.co.kr/)

조선왕조실록(http://sillok.history.go.kr/)

카인즈(www.kinds.or.kr)

통계청 E-나라지표(http://index.go.kr/)

한국교육학술정보원 (www.riss.kr)

한국언론진흥재단(http://www.kpf.or.kr/)

한국역사정보통합시스템(http://www.koreanhistory.or.kr/)

한국의 지식 콘텐츠(http://www.krpia.co.kr/)

한국사 데이터 베이스(http://db.history.go.kr/)

한국사회과학자료원(http://www.kossda.or.kr/)

한국콘텐츠진흥원(http://www.kocca.kr/)

DBPIA(http://www.dbpia.co.kr/)

KSI KISS(http://kiss.kstudy.com/)

1. 다음 화제에 대한 주제문을 작성해 보자.

  (1) 대학 문화

    주제문 : _____

  (2) 한국 정치 현실

    주제문 : _____

  (3) 민주주의

    주제문 : _____

2 '대학의 기능'이란 제목으로 글을 쓰기 위해 다음의 내용을 써보자.

  > 주제에 대해 끊임없이 질문을 하라.
  > 자신의 생각을 뒤집어서 생각해 보라.
  > 좋은 글이나 말을 인용해 보라.

  (1) 어떤 목적으로 쓸 것인가?

  _____

  _____

  _____

  _____

(2) 누구를 대상으로 쓸 것인가?

---

(3) 어떤 내용으로 채울 것인가?
  · '대학'하면 떠오르는 단어를 나열해 보자. (많을수록 좋다)

---

(4) '대학'에 진학한 이유를 구체적으로 적어보자.

---

(5) '대학'이 만들어진 이유와 역할에 대해 생각해 보자.

---

(6) '대학'에서 '대학생'이 하는 일들을 항목화해 보자.

_____

_____

_____

_____

_____

(7) 항목에 따라 글쓰기에 필요한 자료를 찾아보자.

_____

_____

_____

_____

2. 구상과 개요 작성하기

(1) 구상하기

집을 지을 때, 이러저러한 모양과 구조의 집을 짓겠다는 생각을 가졌다고 해서 집이 되는 것은 아니다. 마찬가지로 글을 쓸 때도 주제가 정해지고 자료를 모으고 선택하여 정리하였으면, 이들 자료를 어떻게 얽어야 필자가 생각하는 것을 효과적으로 전할 수 있겠는지 궁리해야 한다. 어떻게 자료들을 주제에 따라 얽어 짤지 머릿속으로 궁리한 바를 한 편의 글로 나타낸 것을 '구상(構想)'이라고 한다. 구상(構想)은 줄거리를 만드는 것으로 글의 주제와 목적에 통일적인 맥락을 부여하는 일이다. 구상은 글 전체의 틀을 마련할 수 있고, 중요한 부분을 빠뜨리거나 중복을 막아주며, 글 전체와 부분, 부분과 부분의 균형을 유지시켜주는 일이 된다.

글의 기본적인 구조는 서론, 본론, 결론으로 나뉜다. 서론은 글의 첫인상을 결정하므로 신중을 기해야 한다. 비교적 길이가 짧다. 서두, 또는 도입·머리말이라고도 한다. 본론은 글의 내용 중 대부분의 분량을 차지한다. 가장 중요한 부분이므로 개요작성에서도 더 큰 비중을 두어야 한다. 본론이 몇 개의 하위부류로 구성되느냐에 따라 삼단구성이 되든가 사단구성, 또는 오단구성이 된다.

(2) 개요 작성하기

글을 구상하고 나면, 정해진 주제와 소재들을 가지고 구체적으로 어떻게 쓸 것인가를 생각해 보아야 한다. 이것을 하나의 도식으로 정리할 때 개요라고 한다. 요리를 할 때, 어떤 재료를 어느 때 얼마만큼 넣을 것인가를 생각해 보는 일이 구성이라면, 이것을 요리 안내서처럼 구체적 어구나 문장으로 메모해 놓는 작업이 '개요 작성'이라 할 수 있다.

개요에는 제목과 글의 구성, 세부 내용 등이 비교적 상세하게 기록되어야 한다. 글의 종류에 따라 다를 수 있으나 대부분은 3단 구성을 염두에 두고 작성한다. 전체의 내용 중 서론은 10~15%, 결론은 5~10%을 차지하고 나머지는 본론으로 채워야 한다.

개요 작성의 이점

1. 작성하고자 하는 글의 전체 구성이 한눈에 들어와 글의 전체적인 흐름을 파악하기 쉽다.
2. 실제로 연구를 진행하면서 떠오르는 생각이나 문제의식들을 걸러내기가 쉬워진다.
3. 개요를 토대로 다른 사람의 도움을 받기가 쉽다.
4. 다른 사람이 써 놓은 글을 이해하는 데에도 커다란 도움이 된다.
5. 글의 골격을 세우는 과정에서 어떤 일을 체계화하는 힘과 조직화하는 힘을 길러주는 효과도 있다.

1) 개요 작성의 방법

개요를 작성하는 방법에는 짤막하게 목차식으로 작성하는 목차식 개요 작성 방법과 이를 완전한 문장으로 풀어서 작성하는 문장식 개요 작성 방법이 있다. 목차식 개요는 글의 내용을 '반려견이 사람에게 미치는 영향'처럼 '구(句)'나 '절(節)' 형태로 간략하게 제시하는 방식이고, 문장식 개요는 '반려견은 사람에게 영향을 미친다'처럼, 글의 대략적인 줄거리 및 표현 의도 따위를 간략하게 요약된 문장으로 적는 방식이다.

빠른 시간 안에 전체 내용을 일목요연하게 보이는 데에는 목차식 개요가 유용하며, 상세하게 본인이 하고자 하는 주장들 사이의 관계를 파악하는 데에는 문장식 개요가 유용하다. 문장식 개요는 아무래도 목차식 개요보다 많은 정보를 담고 있기 때문에 주장들 사이의 흐름이나 논리 관계를 파악하고 조절하는 데 도움이 된다.

예시 / 목차식 개요

▶ 제목 : TV 드라마에 나타난 여성상 연구 – 〈또 오해영〉을 중심으로

▶ 주제 : TV 드라마에 나타난 여성상, 여성주의적 요구

▶ 목차

   Ⅰ. 서론 : TV 드라마와 재현된 여성 이미지

   Ⅱ. TV 드라마 분석 – 〈또 오해영〉을 중심으로

      1. 드라마의 서사 분석

      2. 드라마의 담화 분석

   Ⅲ. TV 드라마에 나타난 여성상

      1. 평범한 외모와 뒤처지는 스펙

      2. 자신의 감정을 솔직하게 표출함

      3. 성적 욕망에 대한 긍정

Ⅳ. TV 드라마에 나타난 여성 인물의 한계

    1. 남녀 관계에 있어서의 소극성

    2. 남성에 대한 환상 및 소녀 취향

    3. 수려한 외모와 재력을 겸비한 남성과의 결혼

Ⅴ. 결론

예시 / 문장식 개요

▶ 제목 : TV 드라마에 나타난 여성상 연구 – 〈또 오해영〉을 중심으로

▶ 주제 : TV 드라마에 등장하는 현대 여성상을 분석해보고, 사랑과 일, 성에 대한 여성주의적 요구를 확인해본다.

▶ 글의 구성

Ⅰ. 서론

    TV 드라마는 우리 시대의 여성 담론을 읽어낼 수 있는 텍스트이며, TV 드라마 속에 재현된 여성 이미지를 통해 변화된 여성들의 지위 및 사회적 인식을 확인할 수 있다. 본고에서는 이들 드라마가 어떤 여성 담론을 생산해내었는지 분석해보고자 한다.

Ⅱ. TV 드라마 분석은 드라마의 서사 및 담화 분석을 통해 가능하다. 얼마 전 방영된 드라마 〈또 오해영〉을 중심으로 분석해 보고자 한다.

    1. 드라마의 서사 분석은 드라마에 설정된 인물들 간의 관계 및 서사 전개 방식을 분석한다.

        – 세련되고 아름다운 부잣집 여성과 촌스럽고 평범한 외양의 여주인공이 라이벌 관계로 등장한다.

        – '사랑 → 실연 → 새로운 만남 → 사랑의 성취'의 기승전결 형식으로 서사가 전개된다.

    2. 드라마의 담화 분석은 주인공의 내적 독백 및 발화를 분석한다.

        – 주인공의 내적 독백을 통해 주인공의 내면을 엿볼 수 있다.

        – 주인공의 상상 속 발화를 통해 주인공의 내면 심리를 읽어낼 수 있다.

Ⅲ. TV 드라마 분석을 통해 전통적 여성들과의 차별화된 현대 여성의 모습을 확인할 수 있다.

    1. 조신함과 아름다움이라는 코드에서 벗어난 평범한 외양의 왈가닥이다.

    2. 자신의 감정을 솔직하게 표출한다.

    3. 성적인 욕망을 당당하게 드러낸다.

Ⅳ. 그러나 TV 드라마에 등장하는 여성 인물은 사랑에 있어서만큼은 한계에 부딪히는 모습을 보여준다.

    1. 남녀 관계에 있어서 여전히 소극적이다.

2. 남성에 대한 환상 및 소녀 취향을 지니고 있다.

3. 수려한 외모와 재력을 겸비한 남성과 결혼한다.

Ⅴ. 결론

드라마를 통해 기존의 여성상에 대한 저항과 재생산이 함께 이루어지고 있음을 확인하였다. 아직 미흡하기는 하지만 탈남성 중심적 새로운 여성 캐릭터 등장의 가능성을 엿볼 수 있었다.

2) 개요 목차 작성 시 부호 사용 규칙

개요(목차)를 작성할 때는 각 장, 절, 항, 목 등 표제에 따라 부호를 일정한 규칙에 맞게 붙여주어야 한다. 보통 숫자만으로 붙이는 방법, 숫자문자를 함께 사용하는 방법 등이 있는데 학문 분야에 따라 요구하는 규칙이 다르다. 하지만 일반적으로 가장 많이 사용되는 부호 사용 규칙은 다음과 같다.

Ⅰ.	1.
1.	1.1
1)	1.1.1.
(1)	1.1.2.
①	1.2.
(가)	1.2.1.
(ㄱ)	1.2.2.
(ㄴ)	1.3.
②	1.3.1.
(2)	1.3.2.
2)	2.
2.	
Ⅱ.	

이때 표제의 층위가 같다면 같은 부호를 사용하고, 거기서 세분된 표제는 하위 부호를 사용하는 것을 명심한다. 여기에서 숫자나 부호는 얼마든지 바꾸어 쓸 수 있다. 어떤 체계를 따르느냐가 중요한 것이 아니라 같은 계열의 숫자나 기호에는 대등한 내용이 놓여야 한다는 것이다.

이상의 내용을 종합하면 개요는 다음과 같은 형식상의 요건을 갖추어야 한다.

1. 개요는 계층적으로 작성해야 한다.
2. 개요 번호는 일관성 있게 달아야 한다.
3. 어느 층위에 항목이 하나밖에 없으면 그 항목은 설정하지 않는다.
4. 문장식 개요와 목차식 개요는 섞어 쓰지 않는다.
5. 상위 항목과 하위 항목의 제목이 같아서는 안 된다.
6. 항목의 제목은 막연하게 표현하기보다 구체적으로 표현하도록 한다.

연/습/문/제

1 다음은 '환경오염과 그 방지 대책'이라는 주제로 내용을 구상한 것이다. 제시된 내용에
   따라 개요를 작성해보자.

> ▶ **주제문**
> 환경오염은 인간의 건강을 해치고 쾌적한 생활환경을 빼앗아 가므로 환경 보존에 힘써
> 야 한다.
>
> ▶ **구체적 목적**
> 최근 심각해지고 있는 환경오염에 대해 깊이 인식하고 그 대책을 세워봄으로써 환경의
> 중요성을 깨닫게 한다.
>
> ▶ **구상 단계**
> 1. 심각해지는 환경오염   2. 대기 오염
> 3. 수질 오염   4. 소음과 진동
> 5. 환경오염이 인간에게 미치는 영향   6. 환경오염 방지 대책

2 본인이 쓰고자 하는 주제에 관하여 목차식 개요를 작성해보자.

3. 글쓰기의 실제

(1) 글의 첫머리를 어떻게 열까?

'글의 첫머리를 어떻게 열까?' 이는 누구든지 글을 쓰기 전에 부딪히는 문제다. 텔레비전 채널을 돌려서 몇 십 초 동안 시청자의 흥미를 끌지 못하면, 시청자는 냉정하게 다른 채널로 돌려버린다. 글도 마찬가지로 독자가 글의 첫머리에 흥미를 느끼지 못하면 보통의 인내심으로는 그 글을 끝까지 읽지 못하고 만다. 따라서 글의 첫머리는 독자에게 어떻게 흥미를 유발시키고 매력을 갖게 할 것인가를 고려해서 써야 한다.

무엇을 어떻게 쓰기 시작하는가는 필자의 자유이겠지만, 전달의 글의 경우 다음 사항을 고려해서 글의 첫머리를 써야 한다.

① 쓰는 계기 제시(3단형의 경우—무엇을, 왜, 어떻게)
② 과제의 암시(4단형의 경우)
③ 주의 환기, 과제 제기(5단형의 경우)
④ 주제·화제의 직접 제시
⑤ 자신과 상반되는 의견 제시
⑥ 본문과 관련 있는 화제, 비교 의문형 등을 제시

서론 부분은 문제 도입과 문제 제기, 주제 제시가 반드시 나타나야 한다. 서론 부분도 전반부(도입부)와 후반부(주제부)로 나누어 쓴다. 전반부에서는 필자가 쓰고자 하는 화제가 무엇인가, 왜 쓰는가(글 쓰는 동기, 목적 등) 등을 밝혀야 한다. 후반부에서는 글의 주제를 구체적으로 밝히거나 글의 목적 방향 등을 소개한다. 서론부 작성의 예를 들어보자.

① 체벌이 학생들에게 책임 의식을 길러주고, 행동 변화를 유발하는 교육적 효과가 있기 때문에 교육 현장에서 어느 정도 필요하다고 한다. 이것이 학교에서 체벌의 긍정적인 면이라고 할 수 있다.
② 그러나 책임 의식이 체벌만으로 길러지는 것도 아니고 행동의 변화도 일시적인 것일 수 있다. 교육에서 체벌은 장점보다 단점이 더 많기 때문에 학교에서 체벌은 금지되어야 할 충분한 이유가 있다.
③ 이 글에서는 학교에서 체벌의 단점과 장점이 무엇인가를 살펴보고, 체벌이 금지되어야 하는 이유를 근거로 체벌 금지를 주장하고자 한다.

위 글 ①부분은 '학교에서 체벌을 금지하자'는 자신의 주장과 상반되는 견해다. 이처럼 자신의 주장과 반대되는 견해를 먼저 제시하고 일단 상대방의 견해에 긍정적 입장에서 검토한 후, ②처럼 그와 상반된 자신의 견해를 밝히면 논의의 형평성을 유지할 수 있다. 또한 ③에서 처럼 글의 주제나 글을 쓰고자하는 목적 혹은 방향을 구체적으로 제시한다.

(2) 전개부 작성하기

전개부는 본론에 해당하는 부분이다. 이 부분은 서론에서 제시한 중심과제에 관하여 자신의 주장이나 느낌, 의견의 타당성 등의 구체적 근거를 들어 풀이하고 입증(증명)하는 단계이다. 본론은 다음과 같은 기본 요건을 지키면서 작성한다.

① 논거성– 주장이나 생각의 근거를 명확히 한다.
② 논리성– 이치에 맞도록 논리를 전개해야 한다.
③ 일관성– 주장점이나 논거가 상호 모순이 없어야 한다.

실제 본론을 작성할 때는 문단 구성과 문단과 문단의 연결을 어떻게 할 것인가가 가장 중요하다. 본론은 주제를 드러내기에 적합한 몇 개의 문단으로 나누어 쓴다. 각 문단별로 소주제를 제시하면서 문단 완결에 필요한 분석, 예시, 인용, 입증, 풀이 등의 방법으로 글을 전개해 나간다. 구체적인 전개부 작성 방식은 다음과 같다.

① 옹호–비판 방식; 둘 또는 그 이상의 제시된 주장을 어느 한 쪽의 입장을 택하여 옹호하면서 다른 쪽을 비판하는 전개 방식이다.
　　기본 틀 (1) 대립되는 견해 비판+비판 논거 제시
　　　　　 (2) 자기 주장의 옹호+옹호 논거 제시

② 열거 방식; 문제에 대한 원인과 결과 분석, 특정 문제 분석 등에 적절하다. '첫째, ... 둘째, ... 셋째, ...'식으로 열거할 때는 전개되는 각 부분이 대등한 가치를 지녀야 한다.
　　기본 틀 (1) 원인(1)+결과+의미(1)
　　　　　 (2) 원인(2)+결과+의미(2)
　　　　　 (3) 원인(3)+결과+의미(3)

③ 원인 분석과 해결 방식; 주어진 문제의 원인을 분석하고 그 해결책을 현실성 있게 제시하는데 적절하다. 이때 통계 자료나 예화를 들어 진술하는 것이 좋다.

　　기본 틀 (1) 원인 분석(1)+원인 분석(2)

　　　　　　(2) 해결 방안(1)+해결 방안(2)

④ 정-반=합 방식; 서로 모순 대립되는 두 견해를 제시하여, 어느 한 쪽만 옹호하지 않고 종합적인 견해를 대안으로 제시하는데 적합한 방법이다.

　　기본 틀 (1) 정(문제 관점 제시)

　　　　　　(2) 반(모순 관점 제시)

　　　　　　(3) 합(두 관점 종합, 통일)

⑤ 비교, 대조 방식; 둘 또는 그 이상의 대상에 관해 유사점이나 차이점을 들어 설명하는 방식이다. 비교 혹은 대조의 경우 대상에 관한 장단점, 개선책 등을 본론 또는 결론에서 밝혀야 한다.

　　기본 틀 (1) 비교, 대조 기준 설정

　　　　　　(2) 대상 〈가〉 분석(혹은 기준 a로 '가-나' 비교, 대조)

　　　　　　(3) 대상 〈나〉 분석(혹은 기준 b로 '가-나' 비교, 대조)

　　　　　　(4) 의견 제시(결과 선택, 개선점 제시)

(3) 종결부는 어떻게 작성할까

글의 첫머리가 독자에게 흥미를 느끼고, 관심을 끌게 해야 한다면, 마무리에서는 필자가 글에서 의도하던 바를 명쾌하게 인식시키도록 해야 한다.

> 대기업의 이득을 하청업체와 나누는 노력, 중소기업의 노동조합 활성화, 최저임금의 대폭 인상이 절실하다. 기본소득도 눈여겨볼 필요가 있다. 핀란드에서 시도된 기본소득 도입은 아직은 실험 수준이지만 노동자의 삶을 구하고 불평등을 해결해야 한다는 명제의 절실함을 드러낸다. 미국에서조차 기업 경영자가 스스로 연봉을 낮추고, 직원연봉을 대폭 올려주는 일이 잦다. 이 모두 시민들에게 희망을 준다. 다가올 대통령 선거는 불평등을 바로잡을 수 있는 절호의 무대이다. 회피하지 말고 정면으로 맞서야 한다.
> 　　　　　　　　　　　　　　　　　　　　　　　　　　– 출처 : 「소득 불평등 해소 없으면 개혁 아니다」, 『경향신문』, 2017.01.08.

결말 처리 방식은 서두와 마찬가지로 여러 가지가 있겠으나, 일반적인 방식은 다음과 같다.

① 요약과 전망

흔히, 설명문이나 논증문, 비평문 등의 마무리는 보통의 내용을 요약하면서, 빠진 것을 보충하고 끝에 발전적 연구에 대한 기대를 첨가한다.

② 주제 강조

본문의 주제가 되는 사항을 마지막에 다시 한 번 언급하여 글의 전체적인 정리를 하는 방식이다.

③ 개성 있는 의견 제시

내용에 관계있는 짧고 개성있는 표현으로 마무리하는 것도 인상적이다.

④ 결론과 총괄

'요컨대, …', '결론적으로 말하면, …' 등과 같이 논지를 전개해 오다가 마지막 부분에서 필자가 솜씨 있게 정리하는 경우도 있다.

⑤ 의문 제기

마지막 문장을 의문문 형식으로 제시하여 독자로 하여금 생각을 하도록 하는 방법도 있다.

연/습/문/제

1 다음 내용으로 <u>서론부와 종결부를</u> 작성해보자. (1200자 내외로 글을 쓴다고 가정하고, 3–5행으로 한 문단 작성)

(1) 정보통신기술의 발달로 여러 가지 역기능이 발생하고 있음에 따른 정보통신 윤리교육 도입의 목적과 효율성을 지도할 수 있는 방안에 대한 서론부를 작성해보자.

(2) 정보통신기술의 발달로 여러 가지 역기능이 발생하고 있음에 따른 정보통신 윤리교육 도입의 목적과 효율성을 지도할 수 있는 방안에 대한 종결부를 작성해보자.

4. 글 다듬기

(1) 퇴고

아무리 글을 잘 쓴다 할지라도 처음부터 글이 완전할 수는 없다. 글을 쓰는 과정에서 문제의식이 바뀌기도 하고, 자료나 논지가 보강되거나 빠지기도 하며, 문장이 매끄럽게 완성되지 않았을 수도 있다. 또 단락 사이의 관계가 논리적으로 잘 연결되지 않았을 수도 있다. 그래서 처음 작성한 원고를 다시 검토하고 손질하는 과정이 반드시 필요한데, 이를 '퇴고'라고 한다.

이제 막 완성한 글을 그 자리에서 다시 읽어보면 오류가 잘 발견되지 않기 때문에 자기의 글을 객관적으로 살펴볼 수 있는 시간이 필요하다. 원고 마감 시간을 고려하여 집필을 미리 끝내야 퇴고할 여유가 생긴다는 점을 명심해야 한다.

퇴고 시 다음과 같은 원칙을 따라야 한다.

> (1) 부가의 원칙 : 미처 정리하지 못하거나 빠뜨린 부분을 첨가보충하면서 표현을 상세하게 한다.
> (2) 삭제의 원칙 : 반복된 내용이나 불필요한 표현을 삭제하면서 문장을 다듬는다.
> (3) 구성의 원칙 : 문장의 구성을 변경하여 주제 전개의 과정을 논리적으로 고친다.

퇴고의 이 세 가지 원칙은 글을 쓴 사람이 전달하려는 주제를 글의 각 요소들이 체계적으로 뒷받침하고 있는지를 확인하는 기준이 된다. 글이 곁가지로 흐르거나 엉뚱한 쪽으로 비화되는 것을 방지하고 일관되게 주제를 드러내도록 하며, 글을 이루는 하나하나의 요소들이 정확하게 표현되었는가를 점검하는 것이 퇴고다. 전자를 거시적인 관점에서의 퇴고라고 하고, 후자를 미시적인 관점에서의 퇴고라고 할 수 있다.

퇴고의 절차는 단어 선택에서 단락 구성으로 이루어지는 글쓰기와 반대의 순서로 이루어진다. 먼저 글 전체적으로 논지 전개가 제대로 되었는지 검토해야 한다. 그리고 부분적으로 단락 구성과 단락 간의 연결이 자연스러운지 살핀 뒤에 문장과 단어를 다듬어야 한다.

1) 전체의 검토

① 주제가 적절한가, 주제문은 보다 분명하게 나타낼 수 없는가?
② 글의 구성이 주제와 통일되어 있는가?

③ 제목이 주제와 조화되어 있는가? 맞지 않는 제목이 들어 있지 않은가?

④ 일관성과 논리적 개연성, 보편적인 설득력을 갖고 있는가?

2) 부분의 검토

① 논지 전개, 단락의 연결, 문장의 주된 부분 등이 유기적으로 통일되어 있는가?

② 주제가 제대로 강조되어 있으며, 각 부분은 그 중요도에 비례하여 다뤄지고 있는가?

③ 부분과 부분의 관계는 논리적으로 명료한가?

④ 배경 지식이 충분히 활용되었는가?

⑤ 인용이 적절하게 이루어졌는가?

3) 문장의 검토

① 각 문장은 내용을 정확하게 나타내고 있는가?

② 용어는 정확히 사용되어 있는가?

③ 독자가 이해할 수 있는 용어인가?

④ 소리 내어 읽을 때 어색하거나 잘못 읽힐 수 있는 부분은 없는가?

⑤ 보다 간결하게 표현할 수 있는 문장은 없는가?

4) 표기법의 검토

① 문자나 표기상의 잘못은 없는가?

② 맞춤법과 띄어쓰기, 문장 부호의 사용이 올바르게 되었는가?

실제로 퇴고한 과정에서는 위의 유의 사항보다 더 다양한 시각과 문제 의식이 동원되게 된다. 특히 자기의 글을 대상으로 퇴고를 할 때의 '좋은 글'은 지극히 주관적인 판단에 따르므로 더욱 주의를 기울여야 한다.

(2) 교정

원고를 쓰고 난 뒤에는 빠진 말이 없는지, 불필요한 말이 들어가지 않았는지, 맞춤법, 표준어 규정 등에 맞지 않은 것이 있는지 확인해 보아야 하는데 이 때 잘못된 부분을 수정하는 것을 원고 교정이라고 한다. 원고 교정 방법은 다음과 같다.

① 원고를 교정할 때에는 편집자가 지시하는 내용과의 혼동을 피하기 위하여 붉은 색은 사용하지 않는 것이 좋다.

② 잘못된 부분이나 필요하지 않은 부분은 두 줄로 그어 취소한다는 것을 표시한다.

③ 잘못된 부분을 다른 내용으로 바꿀 때는 바꿀 부분을 두 줄로 그어 지운다는 표시를 하고, 그 위의 여백에 고친 내용을 적으면 된다.

④ 불필요하다고 판단해서 지워버린 내용을 되살리려면, 두 줄로 그은 부분에 '×'표를 하거나, '生'자를 표시한다. 빠진 글자를 넣을 경우에는 빠진 위치에 'V' 표를 하고 그 위의 행 사이에 적어 넣으면 된다.

⑤ 삽입의 경우, 간단한 분량은 원고지 여백에 적어도 되지만 분량이 많을 때는 별도의 원고지에 번호를 붙여 사용하되, 삽입할 위치에 '몇 장 삽입'이라는 표시를 한다.

⑥ 일반적으로 쓰이고 있는 교정 부호를 정리하여 소개하면 다음과 같다. 교정 부호는 필자와 편집자와의 약속이므로 반드시 지켜야 하며, 이러한 교정 부호는 최소한으로 사용해야 한다. 원고에 너무 자주 사용하여 지저분하게 될 때에는 다시 정서하는 것이 바람직하다.

부 호	교정 내용	보 기
♂	글자를 바꿀 때	물건이 가득 쌌었다.
♂	글자를 뺄 때	엉터리이었다.
⌒	붙여 쓸 때	9년 전 부터 시작되었다.
∨	띄어 쓸 때	아름다운 파도소리
∨	글자를 넣을 때	사랑을 우리는 실천해야 한다.
⌣	여러 글자를 고칠 때	진지를 아버지께서 밥을 잡수신다.
⌐	줄을 바꿀 때	"누구세요?" 철수가 문을 열면서 말했다.
⌐	왼쪽으로 한 칸 옮길 때	서로 돕자.
⌐	오른쪽으로 한 칸 옮길 때	푸른 하늘 은하수
∽	앞과 뒤의 순서를 바꿀 때	일찍 집을 나섰다.
⌒	줄을 이을 때	이 풀은 씀바귀다. 쓴 맛이 나서 씀바귀라고 부른다.

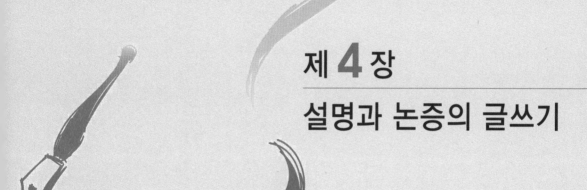

제 4 장
설명과 논증의 글쓰기

1. 설명의 글쓰기

(1) 설명의 종류

설명은 어떤 사물이나 사건에 대한 정보, 지식, 원리, 개념 등을 자세히 풀이하여 독자의 이해를 돕는 가장 일반적인 문장 형식이다. 이해력을 요구하는 글이라면 어디에나 적용될 수 있기 때문이다. 낱말의 뜻을 풀이하고 식물의 구조를 해설하고 기계의 장치를 분석하고 역사적 사건의 원인을 해석하는 등 두루 쓰일 수 있는 형식이 설명이다. 설명은 객관성, 정확성, 평이성을 갖춰야 한다. 설명은 일반적 진술에서 구체적 진술로, 설명하려는 제재에 초점을 맞추고 그 특성이 분명히 드러낼 수 있어야 하며, 가장 효율적인 설명 방식을 골라 진술해야 한다.

1) 정의

정의는 "무엇이냐?"의 물음에 대한 해답의 형식을 지닌다. 즉, 정의는 뜻을 명확히 해서 오해를 불러일으키지 않도록 하는 설명 양식이다. 그러나 이때 해답이란 뜻은 어사나 어구에 의해 지시된 사물에 대한 것은 아니라는 점에 유의할 필요가 있다. 어사나 어구에 의해 지시된 사물에 대한 해답으로 제출될 때 그것은 정의가 아니라 또 다른 기술의 양식이 될 우려가 있는 것이다.

정의는 우선 정의되는 항을 한 부류 속에 정립시키고 다음으로 그 항을 특징짓는 성질(종차)을 지적함으로써 그 부류의 다른 구성 분자들(종이라 부르는)과 구별 짓는 과정을 밟아 이루어진다.

한편, 정의에 쓰이는 용어와 지식은 필자와 독자 쌍방에서 공통되는 기반을 가지고 있어야 한다. 가령 여기에 "인간은 척행동물이다"라고 하는 인간에 대한 생물학자의 정의가 있었다고 하자. 여기에서 '척행동물'이란 일반 독자에게는 전혀 생소한 것으로 잘 알 수 없는 용어다. 따라서 그 정의가 가지고 있는 지식(정보)이 일반 독자에게는 전달되기 어렵다. 이런 경우를 가리켜 이 정의가 공통된 기반을 안 가진 것이라고 일컫는 것이다. 필자와 독자 사이에 공통의 기반을 구축하기 위해서는 정의가 다음 세 원칙을 지켜야 한다.

원칙 1 │ 피정의항(정의하고자 하는 대상)은 정의항(풀이하는 항)과 대등하여야 한다. 이는 정의가 등식으로 이루어진다는 사실을 두고 하는 말이다. 여기에는 다시 아래와 같은 두 작은 원칙이 내포되어 있다.

① 정의항의 범주가 피정의항의 그것보다 커서는 안 된다.
② 정의항 범주는 피정의항의 그것보다 작아서도 안 된다.

가령, 우리가 "탁자는 가구의 한 종류로 접시, 램프, 재떨이, 책, 골동품 등을 놓는 것이다."라는 정의를 내렸다 하자. 여기서 정의항의 범주는 너무 크게 잡혀진 셈이다. 왜냐하면 접시, 램프, 재떨이 등을 놓을 수 있는 것은 비단 탁자뿐만 아니라 찬장, 선반, 그 밖의 것을 수도 있기 때문이다. 다음 또 하나의 경우로 우리가 "탁자는 가구의 한 종류로 우리가 식사를 하는 것이다"라는 정의를 내렸다 하자. 이 경우에는 정의항이 너무 적게 잡혀지고 있는 것이다. 왜냐하면 이 정의항은 소탁자나 서재용 탁자 등을 포함시킬 수 없는 것이기 때문이다.

원칙 2 │ 피정의항은 정의항의 부분이어서는 안 된다. 피정의항의 술어나 관념이 정의항에서 되풀이되어서는 안 된다는 것을 뜻한다. 가령, 우리가 "정치가란 정치하는 사람이다"라는 정의를 내렸다 하자. 여기에서 정치라는 말은 여전히 또 한번의 정의를 기다리는 피정의항으로 남게 된다. 이것을 논리학에서 순환정의의 오류라고 일컫는다는 것은 우리가 널리 알고 있는 바와 같다.

원칙 3 │ 피정의항이 부정적이 아닌 한, 정의항도 부정적이어서는 안 된다. 가령 "수라는 여느 사람들이 먹는 밥이 아니었다"라는 말이 있다 하자. 이 경우 정의항의 '먹는 밥이 아니었다'를 잘못 해석하면 '죽이었다'하는 해석이 내려질 우려도 있다. 결과 피정의항은 다분히 부정확하게 정의될 위험성이 개재하는 셈이다.

한편, 정의에는 또 '확장된 정의'라는 것이 있다. 피정의항이 복잡한 것일 때, 보통의 단순한 정의로써는 충분하지 못하다. 그러한 경우 일반적으로 용인된 견해나 개념만으로 정의가 완전한 것이 될 수 없다. 필자 자신이 새 견해, 개념을 동원하여 새로운 정의를 세워야 하는 것이다. 이와 같은 '확장된 정의'는 때로 논의라고 부르기도 한다.

2) 분석

분석이란 한 사상의 구성 부분을 분해해 내는 방법이다. 이 방법은 부분을 복수로 지니고 있다고 생각되는 대상에 대해서만 적용될 수 있다. 우리는 대상으로서의 개, 말, 나무, 그림들을 분석할 수가 있고, 이념으로서의 민족주의나 종교 등을 분석할 수 있다. 한편, 분석을 그 대상에 따라 물리적 분석과 개념적 분석의 둘로 나눌 수 있다.

(1) 물리적 분석

대상의 구성 부분을 공간적으로 분해해 낼 수 있는 경우, 우리는 그것을 물리적 분석이라고 한다.

(2) 개념적 분석

개념적 분석이란 심리적인 분석을 뜻한다. 한 관념은 또 다른 관념에 의해서만 분석이 가능할 뿐이다. 예컨대, 민족주의 이념이 인간의 동기, 자세, 이해관계에 의해서만 분석될 수 있는 바와 같다. 그리고 우리의 설명 기술로서 문제되는 것이 바로 이와 같은 성격의 분석이다. 한편, 분석은 분석할 대상이 구조를 가지고 있을 때만 가능하다. 이 경우 구조란 그 각 구성 분자가 유기적으로 조직되어 있는 것을 전제로 한다.

① "어떻게 작용하는가?"라는 물음에 대한 해답이 곧 기능적 분석이다. 이런 뜻에서 기능적 분석은 일종의 설명적 서사라고도 할 수 있다. 이러한 분석은 기구의 작용, 직관의 작용, 씨가 자라나는 따위의 자연의 과정, 무엇을 만들고 행하고 하는 인간 활동의 과정 등 어느 움직이는 과정을 가지고 있는 대상을 두고 이루어진다.

② 가령 역사적 사건처럼 기능을 가진 것으로 다루어질 수 없는 어떤 사건의 계기적인 단계를 밝히고자 하는 분석을 연대기적 분석이라 한다.

③ 원인과 결과의 관계를 밝혀내는 것이 인과적 분석이다. 원칙적으로 이 분석은 두 개의 물음에 대한 것이다. "이것은 원인이 무엇인가?"하는 것과 "이러한 일련의 상황 하에서 어떤 결과가 따를 것인가?"하는 것이 그것이다. 전자에 답하기 위해서 우리는 결과를 거슬러 원인에 이르러야 하며, 후자를 위해서는 원인에서 결과에 이르러야 한다. 연대기적 분석에서와 같이 이 분석에서도 설명적 서사의 방식이 흔히 수용된다.

분석의 기본 구조

처음	분석의 대상, 목적, 이유, 전개 방향 등 제시
중간	목적, 이유, 기준에 맞게 항목별 세부 내용 제시
끝	분석의 마무리(미비점 보완, 분석의 요점 제시)

3) 지정

지정은 설명이란 기술양식 가운데서는 가장 단순한 것이다. 이것은 "무엇이냐(누구냐)?"하는 질문에 대한 해답의 형식을 띠고 나타나는 것으로 "무엇이다(누구다)"하는 언어에 의해 지적되는 셈이다. 가령, 여기에 여러 사람이 등장하는 연회가 벌어졌다고 해 보자. 그때 어떤 사람이 모씨를 안내인에게 누구냐고 물어 보았을 경우, 안내인은 "모씨는 마을의 유지로서 면장을 역임한 적이 있는 사람이며 저 유명한 영화배우 아무개의 아버지 되는 사람이다"와 같은 대답을 할 수 있다. 말하자면 주제에 대해 가장 직선적 위치에 서는 기술양식이라고 할 수 있는 것이 이 지정이다. 따라서 이 기술양식의 묘미는 간단, 명백, 단순해야 하고 우회되지 않는 데 있다. 필요 없는 수사, 수식어 사용 등은 여기서 경계되어야 한다.

4) 묘사적 설명

묘사적 설명이란 설명을 위해서 묘사라는 기술 양식을 수용하는 방법이다. 묘사적 설명은 사물에 관한 정보(지식)가 주로 요구되며, 근본적인 자세가 이해력을 증대시키는 데 있다. 그러나 일반적인 묘사는 직접적인 인상이 요구되며 대상을 마치 그것이 직접적으로 감각되는 것처럼 속성을 제시하고자 하는 것이다. 우리는 이 후자와 같은 묘사를 일반적인 의미의 묘사 곧 보통 묘사라고 하고 이에 대해 전자와 같은 묘사를 설명적 묘사, 또는 묘사적 설명이라고 한다. 대부분의 문예작품에서 묘사란 곧 보통묘사를 말한다. 특히, 소설에서 묘사는 거의가 이것인데 그것은 본래 소설의 문장 자체가 설명 개념을 통해 대상을 부조하는 것이 아니라 우리의 감각, 경험을 통하는 방식을 취해야 하는 것이기 때문이다.

5) 서사적 설명

서사적 설명 또는 설명적 서사와 보통 서사의 관계에 대한 설명은 전항의 설명적 묘사와 보통 묘사의 경우와 거의 같다. 일반적인 의미에서의 서사는 사건을 제시하는 데 그목적을 두고 사건을 경험한 대로 기술하면서 필자의 상상력을 작용시키는 면을 갖는다. 이에 대해서 설명적 서사는 사건에 대한 이해를 증가 확대시키자는 데 그 목적을 둔다. 따라서 같은 역사적 사건이라도 필자가 택하는 장르에 따라 그 기술 양식도 모습을 상당히 달리하게 된다. 설명적 서사의 본령은 사건에 관한 정보 지식을 제공하자는 데 있다.

6) 예시

예시는 소주제와 관련된 일반적 원리나 추상적 진술 내용에 관해 구체적 사례를 들어설명하는 방법이다. 예시는 구체적인 사실이나 사례, 진술 내용을 뒷받침할 수 있는 것을 예로 들어야 하며, 나름대로 해석을 덧붙여야 한다. 이는 특수한 것을 들어 일반적 진술을 구체화시킴으로써 독자에게 강한 인상을 남기는 설명하는 방식이다.

7) 비교와 대조

비교와 대조는 다같이 문장에 나타나는 대상을 서로 관계를 맺게 함으로써 정립되는 기술양식이다. 그러나 그 성격으로 보면 양자는 반드시 동일하다고 볼 수는 없다. 비교는 둘 이상의 대상 사이의 유사점을, 대조는 차이점을 중점으로 설명한다. 한편 비교와 대조를 더욱 체계적으로 분석해 보면 다음과 같은 세 가지 방법들에 의거하고 있음을 알게 된다.

① 한 사항을 설명하고자 할 때 그것을 이미 독자들에게 알려진 사항과 관련시킨다.
② 두 사항을 설명하고자 할 때 그것들을 먼저 그들 자체에서도 적용시킬 수가 있고, 동시에 독자들에게 널리 알려진 일반 원리에 관련시킨다.
③ 일반적인 원리나 관념을 설명하기 위해서 이미 알려진 여러 사항들을 비교·대조한다.

비교와 대조의 기본 구조

처음	비교, 대조의 목적과 대상 제시
중간	소주제별 특성을 중심으로 비교, 대조한 내용 전개
끝	글의 요약 및 주제 제시

8) 분류와 구분

구분과 분류는 둘 이상의 사물에서 종류를 가르는 작업이라고 할 수 있을 것이다. 이때 계층적인 부류 조직의 상위에서 하위로 이행되는 방식을 구분이라고 하고 그 반대의 경우를 분류라고 한다. 말하자면 전자는 유개념으로 나누는 것이며, 후자는 종개념에서 유개념을 뽑아내는 것이다. 일반적으로 구분, 분류를 효과적으로 수행하기 위해서는 다음과 같은 세 원칙을 따르는 것이 좋다고 한다.

① 각 계층마다 구분·분류하는 기준은 하나라야 한다. 가령 한국어의 계통은 어디에 속하는 것인가를 밝히고자 하는 경우, 세계의 많은 언어에서 한국어와 같은 말들을 분류해 내는 기준이 음운론에 의거한 것이었으면 다른 어족을 분류할 때도 음운론을 기준으로 해야 될 것이라는 뜻이다.

② 하위의 종속적인 계층은 그것이 직접 소속되는 상위의 계층을 남김없이 규명하여야 한다.

③ 첫 계층에서 적용된 구분·분류의 원칙은 후속 계층에까지 일관되어야 한다. 이 원칙이 일관되지 않을 때 문장은 전후의 맥락이 제대로 잡히지 않을 우려가 있다.

분류와 구분의 기본 구조

처음	주제 및 분류대상 제시
중간	일관된 기준에 의해 분류된 세부 항목들 제시
끝	분류의 마무리(미비점 보완, 내용 요약, 정리)

(2) 설명의 요령

1) 사물에 대한 설명

시간이 제한되기 때문에 그 안에 설명할 수 있게 범위를 좁히거나 제한해야 효과적이다. 즉 대학 남녀학생의 성의식 비교, 계룡산의 생태계, 공주대학교 사범대 학생의 진로 등과 같이 범위를 제한하여 일부분만 중점적으로 설명한다.

설명 내용의 구성방식에는 각 부분을 내용적 특성에 따라 시간적 전개, 공간적 전개,

그리고 화제별로 열거하는 방법 등이 있다. 먼저, 역사나 전개 과정을 설명하는 주제는 시간적 질서에 따라 조직한다. 그 예를 들어 "우리나라의 종교는 샤머니즘 → 신라 불교 전래 → 고려 불교 → 조선 유교 전래 → 개화기 가톨릭과 개신교 전래 → 현대 혼합 시대"로 이어진 점을 설명하면 된다.

사물의 구조적 특성이나 외형적 특징을 묘사하며 설명할 때는 공간적 질서에 의해 이야기를 구성한다. 강의실 안을 설명한다면, 출입구에서 오른쪽부터 빙 돌아가면서 설명하거나 위부터 아래의 순서대로 말한다. 즉 동서남북, 전후좌우, 원근 등으로 인식되는 공간적 질서를 고려한다.

화제별로 설명이 필요한 주제는 중요도에 따라 열거한다. 어떤 인물이 사회의 여러 분야에 업적을 남긴 경우, 각 분야별로 나누어 기록한다.

내용을 구성할 때는 독자가 이해하기 쉽도록 다음 사항을 고려하여 설명한다.

① 화제는 독자의 혼란을 막기 위해 핵심 내용을 2-5개 정도로 한다. 내용이 많으면 혼란스럽고 기억하기가 어렵다.
② 이야기 줄거리는 구분해서 명료하게 정리한다.
③ 비슷한 유형의 어법을 구사하며 화제별로 중요도에 따라 시간 배당을 균형 있게 한다.

2) 과정에 대한 설명

'과정'은 제품을 만드는 순서나 구체적인 결과에 이르는 일련의 체계적인 활동을 가리킨다.

① 과정을 단계로 나누어 설명할 때, 독자의 이해를 쉽게 하기 위해서는 세분화한 단계를 다시 3~5개 정도의 주요 단계로 묶어 설명하도록 한다.
② 과정에 대한 설명은 목적에 따라 과정을 이해시키는 것과 특정한 기술을 습득하여 스스로 그 과정을 잘 수행할 수 있는 능력을 길러 주기 위한 것으로 나눈다.
③ 이 설명 방법은 대부분 제조법에 관한 경우이다. 음식 조리하는 방법, 컴퓨터 조립 방법, 자동차 생산과정 등의 설명 방법이 이에 해당한다.

이 설명 기법은 시각적인 보조물(각종 도표나 괘도, VTR 녹화 화면, 사진이나 그림 등)을 이용하면 효과가 더 크다.

3) 사건에 대한 설명

'사건'은 일상생활에서 겪게 되는 크고 작은 모든 상황이나 역사적인 사건을 설명할 때 필요한 기법이다.

① 일어난 순서에 따라 구성하며 사건과 사건은 긴밀성을 유지해야 한다.
② 생동감 있게 전달하기 위해서는 구체적인 이야기들로 보충하는 것이 필요하다.
③ 원인과 결과에 관한 분석이 요구될 경우는 화제들이 인과관계에 의해 설명될 수 있도록 구성한다.
④ 일상생활과 관련된 사건들은 내용을 구성하는 주요 화제별로 나누어 논리적이고 일관성 있게 배열한다. 예 성인 비만의 치료방법, 21세기 대학 문화 풍속도, 성형 수술의 실태 등 모든 사건

4) 개념에 대한 설명

개념이란 그 개념을 구성하는 특징을 화제로 삼아 열거하면서 설명하는 것이 일반적이며 사상, 주의, 이론, 원리 등이 포함된다.

① 개념을 설명할 때는 정의를 이루는 중요한 화제들을 열거하면서 적절하고 구체적인 예를 든다.
② 이 기법이 성공하기 위해서는 구체적 목적이 잘 드러나도록 내용의 범위를 제한하여 좁히는 것이 필수적이다. 만일 동일한 주제에 대해서 서로 대립되는 견해를 설명해야 하는 경우에는 대립되는 논점이 잘 드러날 수 있게 비교·대조의 설명 방법을 선택한다.
③ 개념에 대한 설명은 특히 전문적인 용어의 사용을 피하고, 사용되는 용어는 명확하게 정의해야 한다.

연/습/문/제

1 다음 제목으로 설명문을 작성하시오.

(1) 양극화 사회란?

(2) 고등학교와 대학 생활에 대한 비교와 대조

(3) '나의 방'에 대한 설명적 묘사

2 4차 산업 사회의 특징을 설명하시오.

2. 논증의 글쓰기

일상에서 우리는 '논리적'이라는 말을 많이 쓴다. 한자로 논리의 '논(論)'은 논한다는 뜻이고 '리(理)'는 이치라는 뜻이다. 즉, 논리는 '이치를 논함'이라는 뜻이다. 또한, 논리학은 영어로 'logic'이라고 한다. 이 말은 희랍어의 'logos'에서 온 것이다. 'logos'란 이성, 말(언어)라는 뜻을 가지고 있다. 그러므로 '논리'는 바로 '말의 이치'라고 할 수 있겠다. 그리고 논리학은 바로 이 '말의 이치를 연구하는 학문'으로 추리형식의 타당성을 다룬다.

논리는 우리 일상생활에 깊숙이 자리 잡고 있다. 논리를 알면 자신의 주장이 바르고 명확하게 표현될 수 있고, 올바른 추리를 할 수 있으며, 아는 것을 바탕으로 새로운 사실을 알 수 있다. 논리적 사고는 논증의 과정을 통해 드러난다. 논증은 아직 명백하지 않은 사실이나 원칙에 대하여 그 진실 여부를 증명하는 것이다. 이뿐 만 아니라 한 걸음 더 나아가 독자로 하여금 필자가 증명한 바를 옳다고 믿게 하고 그 증명하는 바에 따라 행동하도록 기도하는 기술 양식이기도 하다. 증명까지는 논증의 소극적인 면이라면 행동, 사고하게 하려는 기도는 적극적인 면이라고 볼 수 있다. 논증이 만약 앞 단계에서만 그쳤으면 설명과 큰 차이가 없을 것이다.

설명은 사리에 어긋나거나 논리에서 벗어나지 않게 사물의 본성에 대해 있는 그대로의 사실을 밝혀 주는데 그친다. 하지만, 논증은 어떤 사실에 대해서 자기가 가지는 독자적 견해나 주장에 초점을 맞추며, 아울러 그것을 합리적으로 추론하여 독자도 그것에 따라오도록 하려는 의도가 강하다.

논증은 의견 주장이 핵심을 이루기 때문에 설득력을 갖기 위해서는 논리적인 사고가 전제된다. 올바른 논증을 하려면 명제(주장의 명확한 표현), 논거(정확하게 제시되는 근거), 추론(결론에 이르기까지 합리적인 논증방식) 등 논증의 3요소를 갖춰야 한다.

(1) 논증과 이해

논증은 이해력에 작용하여 독자로 하여금 믿게 하도록 하자는 데 목적이 있다. 논증은 반드시 갈등을 전제로 한다. 관념적인 것이든 또는 어느 행동 양식에 관한 것이든 아직 그에 대해서 우리가 회의적이거나 반대 입장에서 있을 때 그것을 갈등이라고 한다. 갈등의 지양을 위해서는 강제나 비약은 금기다. 차례로 사실과 원칙의 진실 여부를 증명해 보이고 그를 통해 독자를 이해시켜 나가야 할 것이다. 올바른 논증을 위해서 논증 자는 좋은 심성을 가지고 사물이나 사건을 올바르게 판단하려는 자세가 필요하다. 그래야만 논증 자가 증명해 보인 사실을 독자도 갈등을 해소하고 믿을 수 있게 될 것이다.

한편, 논증은 엄격히 말해서 독자의 이성에 호소하는 것이다. 그러나 감정에 호소하는 설득에도 논증이 수용되는 수가 있다. 설득은 표현의 사실성과 필자와 독자 사이에서 심성의 공감에 의존하게 된다. 설득을 위해서는 재치와 공평한 마음, 관용, 독자에 대한 경의 등을 가질 필요가 있다.

(2) 논증과 명제

논증은 자신의 주장인 명제가 있어야 한다. 따라서 논증은 언제나 명제에 관해서만 행해질 수 있다. 조사 결과 곧 사실 여부가 드러날 수 있는 사실에 대해 논증을 시도하는 일은 무의미하다. 명제는 어떤 문제나 대상에 관한 자신의 주장이나 의견, 판단 등을 문장 형식으로 간결하게 나타낸 진술이다.

논증에 필요한 명제에는 '사실 명제', '정책(당위) 명제', '가치 명제' 등이 있다. 사실명제는 어떤 사실에 대한 진위 판단을 언어로 기술하여 진실(진리)여부를 주장하는 것이며, 정책명제는 어떤 문제에 관한 해결책이나 바람직한 행동에 대한 판단을 언어로 진술하여 주장하는 것이다. 가치명제는 어떠한 대상(인간, 사상, 윤리, 예술 작품 등)에 대한 가치가 있는가를 주장하는 진술이다. 한편, 논증을 위한 명제는 다음과 같은 요건이 갖추어 있어야 한다.

1) 명제는 단일해야 한다.

명제는 둘 혹은 그 이상의 주장·판단을 가져서는 안 된다. 〈그 여자는 정조 관념이 강하고 또 마땅히 그래야 한다〉라는 명제가 있다면, 이는 사실명제와 단위명제가 한 문장으로 표현되어 있다. 한 개의 중심점만 가져야 하는데 두 개의 중심점을 가지고 있어서 무엇을 말하고자 하는지 확실한 요점을 알 수 없다. 설혹 확장된 논증의 경우 명제가 복수로 주어졌을지라도 명제 각자는 단일해야 하며, 또 개별적으로 다루어져야 한다.

2) 명제는 선입견이나 편견이 없어 공정성, 명료성이 있어야 한다.

가령, 여기에 "고래는 가장 영리한 물고기다"라고 했다 하자. 여기서 논의는 고래의 영리함을 다루어야 할 것이다. 그러나 그에 앞서 동물학자는 고래가 물고기가 아니라는 이의를 제기할 것이다. 여기에서 이 명제는 이미 단일한 것이 아님을 드러낸다. 이 명제는 그러므로 적어도 다음과 같이 고쳐져야 단일, 명료한 것이 될 수 있는 셈이다.

> "고래는 물속에 사는 생물 가운데 가장 영리한 것이다."

한편, 한 편의 글은 하나의 중심 명제가 전체를 지배한다. 그러나 중심명제를 논증하기 위해서는 여러 개의 작은 명제들을 사용할 수 있다. 이 작은 보조 명제를 사용할 때는 어디까지나 중심 명제에 종속되어야 한다.

(3) 논거

논증에서 꼭 필요한 근거가 논거다. 논거는 주장이나 의견의 타당함을 뒷받침해 주는 논리적 근거를 말한다. 가령 우리가 필요한 과정을 거쳐 한 주장을 내세웠다고 하자. 상대방은 그대로 우리 주장을 정당하다고 인정해 주지는 않을 것이다. 그들은 "그 근거가 무엇입니까?"라고 말할 것이다. 즉 논증에 의해 주제(결론)를 확립하는 과정에는 필연적으로 추론이 따르는데 추론의 토대가 되는 것은 객관적이고 확실하며 타당성 있는 논거이다. 논거는 논증이 끝난 것으로 다시 증명할 필요가 없어야 한다. 타당성(적합성)과 신뢰성(진실성) 있는 논거를 얼마나 잘 찾아 제시하느냐에 따라 그 의견이나 주장의 설득력이 결정된다.

1) 논거의 종류

논거에는 사실 논거와 소견 논거 두 가지가 있다. 논거는 구체적이고 명료해야하며, 대표성, 전형성이 있어야 하며 출처가 분명해야 한다.

① 사실 논거 : 보편적으로 인정되는 사실, 자연 법칙에 따른 사실, 통계, 역사적 사실, 체험, 실험 등으로 입증된 사실 등을 말한다. 논거가 사실로서 인지되기 위해서는 믿을 수 있는 근거에 의해서 검증되거나 증명되어야 한다.

② 소견 논거 : 그 분야에 권위를 가진 사람의 견해나 일반적인 여론, 목격자의 증언, 경험자의 증언 등 추론의 근거로 삼는 것을 말한다. 논거가 소견으로서 지닐 신뢰성

은 그의 소견을 가진 사람의 권위에 의존한다.

2) 논거의 표현과 활용

실제 논증문을 쓸 때 소견 논거는 사실 논거와 혼합하여 써야 신뢰성을 얻는다. 논증의 설득력은 타당성과 신뢰성이 있는 논거에 의해서 확보된다. 논거는 개요 작성에서 주제를 뒷받침하는 소주제 찾기, 문단 작성에서 소주제를 뒷받침하는 소재 찾기에 활용한다.

연/습/문/제

1 다음 주장에 대한 논거를 제시해 하시오.

(1) '교사는 노동자다'라는 주장에 찬성(반대)한다.

논거1

논거2

논거3

(2) 초, 중고등학교 모든 학생의 무상 급식에 찬성(반대)한다.

논거1

논거2

논거3

(4) 추론

우리가 내린 결론을 위해 논증이 잡혀졌다 해도 그것의 정당 여부를 밝히지 않으면 안 된다. 그것은 추론에 의지할 수밖에 없다. 추론은 이미 알고 있는 하나 도는 둘 이상의 근거(전제)로부터 새로운 주장(결론)을 이끌어 내는 논리적 사고 과정이다. 이런 의미에서 추론은 논증의 핵심이 된다고 할 수 있다.

추론은 전제(이미 알고 있는 판단)와 결론(새로운 판단)으로 구성된다. 추론의 전제는 참이어야 하며, 전제가 거짓이면 추론된 결론도 참이 못된다. 논증의 방법에는 보통 귀납적 추리(론)와 연역적 추리(론) 방법이 있다.

1) 귀납추론

귀납적 추론이란 특수한 사실을 전제로 하여 일반적인 사실 내지 현상으로서의 결론을 내리는 방법이다. 귀납 추론에는 일반화와 유추가 있다. 일반화는 일정한 종류의 개별적인 사례에서 시작하여 같은 종류의 나머지 모든 사례도 같은 것이 되리라는 일시적 결론에 이르게 되는 추론이다. 유추는 두 사례가 그 일정수의 속성에서 비슷할 때, 그 두 사례가 문제된 점에서도 비슷하리라고 추단하는 추론이다. 귀납형의 문장은 중심사상을 문장 끝에 두어 전개하는 글이다.

① 일반화는 특징을 표현하는 균일적 일반화와 일부대상을 조사하여 전체를 판단하는 통계적 일반화 방법이 있다. 일반화에는 때때로 귀납적 비약이라고 부르는 오류가 있게 된다. 가령 우리가 어느 학교에서 한 학급에 있었던 낙제에 대해 결론을 내렸다고 하자. 그 학급에서 낙제한 학생은 여섯이었는데 학생 A, B, C, D, E의 다섯 학생까지를 조사했더니 그들은 모두가 성적 불량으로 낙제가 되었음이 드러났다. 여기서 우리가 낙제는 곧 성적 불량의 결과란 결론을 내렸다면 그것은 다분히 귀납적 비약을 범할 위험성을 내포하게 되는 것이다. 왜냐하면 그 가운데 한 사람이라도 다른 이유 – 예컨대 질병에 의한 장기 결석으로 출석 미달로 유급이 된 학생이 있다면 이 결론이 부당한 것이 될 우려가 있기 때문이다.

이와 같은 오류를 피하기 위해서 다음과 같은 사실들에 유의해야 한다.

㉠ 충분하고도 필요한 만큼의 상당수 사례가 검토되어야 할 것.
㉡ 검토된 사례는 그 부류 가운데 가장 전형적일 것.

ⓒ 만약 부정적인 사례가 있을 때는 반드시 해명될 것.

② 유추는 추론에서 폭넓게 사용하는 방법으로 하나의 특수한 사실을 바탕으로 그와 유사한 다른 특수 사실을 가정적으로 추정하는 방식이다. 귀납추론의 한 속성을 가지고 있는 유추의 한 예를 들어보자.

이 약은 쥐의 항암 효과가 90퍼센트 가량 있다.
그 약은 사람에게도 비슷한 효력이 있을 것이다.
근거는 쥐와 사람은 유사성이 있기 때문이다.

이처럼 이미 알려진 특수한 사실을 바탕으로 다른 특수한 사실을 추정하는 것이다. 일반화와 마찬가지로 유추에 있을 오류를 피하기 위해서는 다음 사항에 유의해야 한다.

㉠ 비교된 두 사례는 중요하다는 정도에서 서로 비슷할 것.
ⓒ 두 사례 사이의 차이가 고려될 것.

2) 연역 추론

연역적 추론은 두 개의 판단을 전제로 그들의 상호관계를 분석하여 새로운 결론을 내리는 추론 방식이다. 연역 추리는 일반적 원리를 제시하고 특수한 사실을 이끌어내는 추론 방식으로 특수화 방법이라고도 한다. 귀납 추론이 개연성을 보이는데 비해서 이 추론은 확실성을 보일 수 있는 장점이 있는 것이다. 연역형의 문장은 중심 사상을 글 첫머리에 내세운 다음 그 타당성을 입증해 나가는 식으로 전개되는 글이다.

연역 추론에는 직접 추론과 간접 추론이 있다. 직접 추론은 전제가 되는 하나의 판단을 응용하여 결론을 이끌어 내는 추론 형식이다. 간접 추론은 전형적인 연역법으로 3단 논법을 말한다. 즉 이는 두 개의 판단(대전제, 소전제)으로 하나의 새로운 판단(결론)을 이끌어 내는 방법이다. 한 예를 들어보자.

주장	사람은 누구나 결국 죽는다.	
논증	모든 사람은 죽는다.	〈대전제〉
	이순신은 사람이었다.	〈소전제〉
	그러므로 이순신은 죽었다.	〈결론〉

여기에서 결론의 주어(이순신)를 '소개념', 술어(죽었다)를 '대개념'이라고 한다. 대개념을 포함한 전제를 '대전제', 소개념을 포함한 전제를 '소전제'라고 한다. 두 전제에는 있으나 결론에 나타나지 않는 것(사람)은 '매개념'이다. 매개념이 있어야 추론이 가능하다. 이 삼단논법의 결론은 대전제와 소전제 모두 참이고, 그 결론이 두개의 전제로부터 논리적으로 비롯된 것이어야 참이 된다. 전제와 소전제가 3단 논법에 적절히 연관되어 있지 못할 때도 오류에 빠진다.

(5) 논증의 오류

우리가 일상에서 하고 있는 모든 생각들은 모두 어떤 추리형식을 이용하고 있다. 우리는 사고함에 여러 가지의 '추리 형식'을 사용한다. 논리학이 하는 것은 이러한 추리 형식들이 과연 제대로 된 것인지 제대로 되지 않은 것인지를 밝히는 것이다. 이처럼 논리학자들은 추리 형식 중 어떤 것이 제대로 되었고 어떤 것이 제대로 되지 않았는지를 밝히려 한다. 어떤 추리 형식을 썼을 때, 추리의 근거가 참일 때, 결론이 거짓이 되는 경우가 단 한번이라도 생기면 우리는 그 추리 형식을 '믿을 수 없는 추리형식'이라고 한다. 그런데, 제대로 된 추리 형식은 추리의 근거, 즉 전제가 옳다면 어떤 경우에도 틀린 결과를 내지 않는다. 이러한 추리를 우리는 '타당(valid)'한 추리라고 한다. 논리학자는 바로 어떤 추리 형식이 이와 같이 절대로 오류를 만들지 않는 타당한 추리인지를 밝히려 하는 것이다. 타당하지 않은 추리를 '부당(invalid)'하다고 한다. 그 추리의 결과가 반드시 틀렸다는 것은 아니다. 추리가 타당하지 않다는 것은 '그럼에도 불구하고' 결론이 틀릴 수도 있는 가능성이 있다는 점이다. 타당한 추리란 전제가 참일 때 결론이 필연적으로 참이 되는 추리이다. 반면에 부당한 추리란 전제가 참일지라도 결론이 거짓이 되는 경우가 생길 수 있는 추리이다. 논리학은 이처럼 타당한 추리와 타당하지 않은 추리를 밝히려 한다.

일반적으로 훌륭한 논증이 지켜야 할 세 가지 기준은 훌륭한 논증의 전제는 옳거나 승인할 수 있는(acceptable) 것이어야 하며(A), 결론의 옳음에 관련 있는(relevant) 것이어야 하고(R), 결론의 옳음을 위해 충분한 근거(grounds)를 제공해야 한다(G). 이 훌륭한 논증(ARGument)의 세 기준을 만족시키지 못하는 것은 어떤 것이든 결함이 있는 논증이다. 우리가 논증에서 오류를 범하지 않으려면 우선 결론이 명확하게 진술되어야 하고, 그러한 결론이 왜 그렇게 나왔는지 이유와 근거가 명확히 제시되어야 한다. 논증의 오류를 범할 수 있는 경우를 생각해 보자.

1) 애매한 말을 쓴 경우

논증에서 애매모호한 언어를 사용하면 언어적 오류에 빠질 수 있다. 언어의 오류에는 애매한 언어의 사용, 문장의 모호함, 궤변 등에서 발생한다.

다음과 같은 예에서 언어적 오류를 발견할 수 있다.

> 귀한 것은 드물다(稀).
> 1,000원짜리 가락국수는 드물다.
> 1,000원짜리 가락국수는 귀하다.

여기서 대전제의 '드물다'와 소전제의 '드물다'는 그 뜻이 같지 않다. 따라서 결론의 오류를 범하게 되었던 것이다.

2) 논거가 증명되지 않은 경우

가령 다음과 같은 두 사람의 대화가 있었다고 해보자.

> A : 나는 다빈치의 그림 「모나리자」가 최고라고 생각해.
> B : 왜?
> A : 그야 위대한 그림이니까.
> B : 위대한 그림인지는 어떻게 알지?
> A : 훌륭한 비평가들이 모두 그랬는 걸.
> B : 훌륭한 비평가들인가는 어떻게 알아?
> A : 무어라고? 훌륭한 비평가란 위대한 그림을 알아보는 사람 아냐?

여기서 '위대한 그림'은 끝내 증명되지 않은 채 남아 있다. 즉 다시 질문이 제기되는 것이다. 결과 이 논증은 논증으로 성립되지 못하는데 이와 같은 경우가 재 질문이 필요한 경우다.

3) 문제의 핵심에서 빗나간 경우

우리가 글을 쓸 때, 또는 일상생활에서 매우 자주 범하는 오류 가운데 하나다. 가령 살림 솜씨가 헤프다고 나무라는 남편에게 부인이 "참 기가 막혀. 당신은 무얼 그렇게 잘 했

수?"했다고 하자. 이 경우 부인은 자기에게 던져진 과제를 전혀 다른 사람인 남편에게로 돌렸다. 이와 같은 경우에 범해진 오류를 문제가 망각된 경우라고 할 수 있을 것이다.

4) 비약이 심한 경우

가령 "링컨은 가난했다. 가난했으니까 그는 위대한 대통령이 되었다"라는 글을 쓴 사람이 있다고 하자. 이 사람은 필요한 과정을 거치지 않고 결론을 내렸다는 점에서 비약에 의한 오류를 범하고 있는 것이다. 가난한 사람이 반드시 위대한 대통령이 된다는 아무런 보장이 서지 않기 때문이다.

5) 기타

그 외에도 ① 잘못된 통계나 옳지 않은 의견, 왜곡된 사실, ② 거짓된 전제로 이루어진 연역추리, ③ 감정이나 권위에 호소, ④ 엉뚱하게 결론을 내리는 것에서도 오류를 범할 수 있다.

이와 같은 오류를 알고 있다면 우리는 쓰는 글에서 그와 같은 잘못을 저지르지 않을 수 있다. 뿐만 아니라 우리는 또 상대방의 글에서 그것을 지적해 내고 그것을 논박할 수도 있을 것이다. 논박이 단순한 감정적 공격에 떨어지는 위험을 방지하기 위해서도 이와 같은 오류가 있나 없나를 잘 검토하고 그것을 지적할 필요가 있지 않을까 한다. 논증의 구성은 대개 서론 → 추론 → 결론의 세 부분으로 이루어지는 것을 원칙으로 한다. 그러나 지나치게 이와 같은 형식에 구애받을 필요는 없을 것이다.

(6) 논증 글쓰기의 실제

주제를 찾으면 수집한 자료나 이미 익힌 배경지식을 바탕으로 개요를 작성한다. 개요를 작성하고 구체적으로 어떻게 쓸 것인가의 차례와 방법을 알아보자.

첫째, 쟁점이나 문항의 분석을 통해 무엇을 논할 것인지를 최종적으로 다시 확인한다. 글을 집필하기 위해서는 찬반 문제형인지, 장단점을 묻는 것인지 등을 먼저 파악해야 한다. 이에 따라 논술의 구조도 즉 개요를 작성해야 한다. 이때 다음과 같은 사항을 고려한다.

① 문제의 핵심을 정확하게 파악했는가?
② 주제에 관해 무엇을 논할 수 있고, 무엇을 할 수 없는가?

③ 어떤 것을 논하고, 무엇을 논술할 생각인가?

④ 논술 형식은 적절한가?

둘째, 문단 중심으로 쓰자. 논리적인 글쓰기는 문단이라는 벽돌더미를 쌓아 나가는 것과 같은 작업이라고 할 수 있다. 무엇을 쓸지 정리하는 것은 문단을 작성하는 작업이며, 글의 논리적 전개는 문단을 연결하는 것이다. 문단 중심으로 '문단−절−장' 순서로 쓰되 각 장 별로 써서 포개는 방식이 쉽다.

셋째, 내용은 정확하고, 이해하기 쉽게 서술하자. 글의 기술은 자료를 충분히 이해한 다음에 자신의 해석을 덧붙여 나가야 한다. 글은 필자의 주장이나 발견된 결과를 독자가 쉽고 정확하게 의미를 파악할 수 있도록 표현해야 한다. 아름다운 문장을 쓰려고 하지 말고, 읽는 사람이 잘 이해할 수 있도록 배려하면서 쓰는 것이 중요하다. 그리고 써나가는 과정에서 써야 할 내용을 적절한 것에 썼는지 신경을 써야 한다. 독선적인 표현이나 애매한 표현이 없도록 쓴다. 논문을 쓸 때 다음의 기본 원칙을 지키면서 쓰는 것이 좋다.

① 문장은 간결하게 쓴다. 내용이 복잡하더라도 이중 복문처럼 긴 문장보다는 간결한 문장으로 표현하는 것 좋다.

② 문장은 누구나 이해할 수 있는 분명한 언어로 구체적인 개념을 이용하는 것이 좋다.

③ 문장은 긍정개념으로 표현한다.

④ 어문규정(한글 맞춤법, 표준어 규정, 외래어·로마자 표기법)을 지켜 기술한다.

⑤ 애매하거나 무책임한 표현, 과장된 표현, 피동 표현은 피한다.

⑥ 형용사는 가능한 한 사용하지 않는 것이 좋다.

⑦ 전문용어나 고유명사의 틀린 표현은 피해야 한다.

⑧ '−생각된다, −할지도 모른다, −과언이 아닐 것이다' 등 소극적 문장 표현은 피하는 것이 좋다.

⑨ 구어체가 아닌 문어체로 써야한다. 글 속에 대화를 직접 표기 할 때를 제외하고는 말버릇으로 쓰는 조사의 생략, 어미의 생략이나 통합 등도 글쓰기에서 피해야 한다.

⑩ 문장 속의 수는 우리말로 적는 것이 좋다. 열 이하의 수나 십진법 단위의 수, 나이, 시간 표시 등은 아라비아 숫자보다 우리말로 적는 버릇을 길러야 한다.

⑪ 우리말로 글을 쓸 때, 생소한 외국어나 한자어가 끼어들지 않도록 한다. 예를 들어, 요즈음 영어를 지나치게 중요시하다보니 무의식중에 우리말과 함께 쓰는 경우가 있

는데 이러한 일은 없어야 한다.

⑫ 틀에 박힌 표현이나 불필요한 말을 피한다.

⑬ 같은 단어의 반복이나 동의어와 유의어는 문장의미에 고려하여 쓴다.

넷째, 논증을 철저히 하고, 충분한 자료로 자신의 견해나 주장을 뒷받침해야 설득력이 있다.

① 논거 제시− 논제의 문제점 또는 문제의 성질 등에 역점을 두어 체계적으로 논거를 제시해야 한다. 글의 문제점과 관련이 없는 논거는 버려야 한다.

② 논의− 논의는 서론에서 제시한 이론이나 견해에 대하여 자신의 견해를 내세워 논리를 전개하는 것이다. 이때 주제나 문제점에 관해 충분하고 명확하게 설명, 기술하고, 사실에 관한 논리 제시나 논의 과정에는 빈틈이 없어야 한다. 기존의 학설이나 견해에 관해 다른 의견을 제시할 때는 반드시 논거에 의해 비판하고 주장해야 한다.

③ 논지의 전개− 논지의 전개는 큰 문제에 관한 것에서 세부적인 문제에 관계되는 것의 순서로 전개한다. 즉 우선 큰 문제부터 해결해 놓고 차츰 문제를 좁혀 나가면서 깊이 있는 논의를 진행시키는 것이 좋다. 글의 성패는 논지를 논리적으로 타당성 있게 전개하는 것에 달려 있다.

다섯째, 결론 부분에서는 본론에서 규명한 이론이나 주장을 토대로 자기가 논의한 결과에 대해 최종 판단을 내리고 정리하자. 이 부분은 본론에서 제시한 논거에 의해 논의된 결과를 종합 판단하여 귀납적으로 얻어진 것이어야 한다.

① 서론, 본론에서 언급되지 않은 주장이나 사실을 제시해서는 안 된다.

② 근거 없는 주장은 하지 말아야 한다.

③ 위대한 발견이나 침소봉대 식으로 결론을 제시하지 않는 것이 좋다.

④ 해명하지 못한 문제를 제시한다.

⑤ 결론의 기술은 간명하게 한다.

여섯째, 초고가 완성되면 주제와 목적대로 진행 되었는가 살펴봐야 한다. 이어서 글의 논리직 직합성을 꼼꼼히 따져봐야 한다. 다 쓴 글을 다시 차근차근 읽어보면서 모자라는 곳은 더 보태고 틀린 곳은 고치고, 필요 없는 곳은 줄여 사실과 생각을 충실히, 정확하게 나타내게 한다.

1 다음의 두 글은 모두 '강남역 살인사건 논란'에 관한 신문 사설이다. 이 두 글에서 주장하는 논점과 논거를 비교해 보자.

(1) "나는 우연히 살아남았다." 23살의 평범한 여성이 모르는 남성에게 여자라는 이유만으로 무참히 살해당한 뒤 나온 추모 문구의 하나다. 분노와 공포로 공감하는 여성들의 목소리가 응축됐다. 어떤 여성이든 '그런 일은 나와는 상관없어'라고 말할 수 없는 끔찍한 사건 앞에서, 여성들이 소리를 모아 '여성혐오'를 고발하고 나섰다. 이번 사건을 뭐라 부르든, 그런 폭발적 반응은 여성혐오라는 병증의 심각성을 웅변하는 것이다.

분노와 공포는 당연하다. 지금의 여성혐오는 한국 사회에 만연한 성차별의 위험한 변종이다. 남녀평등과 여성의 권익 향상이 중요하다는 담론은 상식이 됐지만 정작 사람들의 인식과 실제 여성들의 현실은 크게 변화하지 않았다는 지적은 진작부터 있었다. 20·30대 여성들은 그 괴리를 실감할 터이다. 아들과 딸을 차별해 교육하지 않는 부모 세대에서 태어나 전통적인 가부장적 억압을 별로 느끼지 않고 자란 젊은 세대의 여성들은 사회에 진출하면서 여전한 차별의 현실에 분노하게 된다.

현실의 이런저런 차별보다 더 두려운 것은 몇 년 사이 부쩍 늘어난 여성혐오다. 20·30대 여성들이 가부장적 질서와 성차별을 더는 당연한 일로 용인하지 않게 된 데 반해, 같은 세대 남성들의 양성평등 인식은 그 앞 세대와 크게 달라지지 않았다는 평가가 많다. 그런 문화적 지체에 더해, 갈수록 치열해지는 경쟁사회의 압력과 그로 인한 남성들의 분노와 열패감이 엉뚱하게 여성에게 전가된다. 군 가산점 논쟁이나 온갖 여성 비하 표현이 그런 예다. 보호 대상으로 여겨 무시하고 차별하던 기존의 여성차별이, 공격과 경쟁의 대상으로 삼아 적대하고 경멸하는 여성혐오로 변질된 것이다. 혐오가 공격성을 띠면 위험하다. 많은 여성들이 이번 사건에 심각한 반응을 보이는 것은 여성혐오의 공격성이 실제 폭력으로 현실화하기 시작했다고 받아들였기 때문이겠다. 이는 남녀갈등 따위로 치부할 문제가 이미 아니다.

살인 사건을 계기로 격발된 여성들의 항의는 여성운동 조직이나 전문가들 주도가 아니라 관심의 공유를 통해 스스로 각성한 일반 여성 대중의 자발적 분노 표출이란 점에서도 그 의미가 작지 않다. 변화의 동력이 될 수 있는 힘은 그만큼 커졌다. 침묵해온 정치권을 비롯해 온 사회가 지혜를 모아 응답해야 할 때다.

― 출처 : 「여성차별의 위험한 변종 '여성혐오', 제동 걸어야」, 『한겨레』, 2016.05.23.

(2) 지난 17일 서울 강남역 인근 공용화장실에서 벌어진 20대 여성 피살사건에 대해 경찰은 22일 '정신질환에 의한 범죄'로 규정했다. 여성 혐오에 따른 증오범죄라는 일부 지적도 있었지만 서울지방경찰청이 프로파일러 5명을 투입해 조사한 결과 김씨의 조현병(정신분열증)이 범죄 이유라는 결론을 내렸다.

김씨는 이미 2003~2007년 피해망상 증세를 보였으며 2008년 조현병 진단을 받은 뒤 모두 6차례에 걸쳐 19개월간 입원치료를 받은 것으로 밝혀졌다. 김씨는 치료를 중단한 채 거리를 방황하다 증세가 악화되면서 이런 비극으로 이어진 것으로 분석된다.

이번 사건은 범죄 가능성이 있는 일부 정신질환자에 대한 관리가 얼마나 허술한지를 보여준다. 정신질환자는 국가와 사회가 치료해주고 관리해 사회 복귀를 도와야 할 대상이다. 치료받는 정신질환자는 결코 위험하지 않으며 범죄율이 오히려 일반인보다 더 낮다는 보건의료 통계는 이 같은 관리체계의 강화가 왜 필요한지를 잘 말해준다.

이런 어이없는 사건의 재발을 막으려면 정신질환자들이 제대로 치료를 받고 있는지, 거리를 배회하며 증세가 악화한 사람은 없는지 제대로 관리하는 작업이 필수적이다. 현재 224개에 이르는 지방자치단체 건강증진센터에서 정신질환자들이 입원·치료·퇴원할 때 본인 동의서를 받아 실시하고 있는 사례 관리를 더욱 체계적으로 진행해야 한다. 건강증진센터에 전담 직원을 배치해 업무에 몰입하게 하는 방안도 필요하다.

의학적으로 고위험군으로 판단되는 환자에 대해서는 집중 전담제도 등 더욱 촘촘하고 치밀한 관리가 뒷받침돼야 한다. 현재 시행하고 있는 정신질환자에 대한 치료명령제를 더욱 엄격하고 실효성 있게 적용할 필요도 있다. 물론 인권침해 소지를 없애기 위해 투명하게 절차를 진행하는 것은 필수적이다. 하지만 위험 행동의 가능성이 크거나 문제가 반복되는 경우에는 당국이 더욱 과감하게 개입하는 쪽으로 새로운 가이드라인을 마련해야 할 것이다.

이번 사고를 계기로 가장 우려되는 점은 정신질환자들을 잠재적인 범죄자로 낙인찍는 일이다. 하지만 정신질환자들을 사회가 백안시하면 치료나 관리받는 것을 꺼리게 되고 이럴 경우 증세가 더욱 악화돼 극단적인 일이 벌어질 가능성도 커지게 된다. 사회가 이들을 따뜻하게 껴안아야 더욱 안전한 사회가 이뤄질 수 있다.

남녀 화장실을 분리하고, 우범지역 환경을 개선하는 등 범죄예방을 위한 사회 환경 조성도 절실하다. 그동안 우리 사회가 방치해온 이런 문제점들을 적극 개선하고 부족한 부분을 보완하는 것이야말로 억울한 희생자의 넋을 조금이라도 위로하는 일일 것이다.

– 출처 :「정신질환자 관리 사각지대가 강남역 참극을 불렀다」, 『중앙일보』, 2016.05.23.

2 오늘날 우리 사회가 당면하고 있는 문제 중 하나의 주제를 선택하여 다음 조건에 따라 주장하는 글을 쓰시오.

    (1) 주제문 :

    (2) 제목 :

    (3) 개요(항목식)

(4) 글쓰기(서론–본론–결론 형식을 갖추어 1200자 내외)

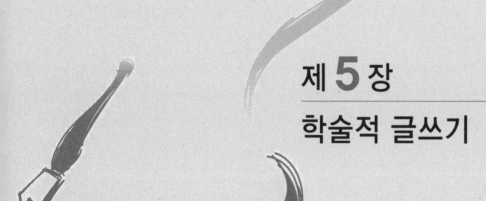

제 **5** 장

학술적 글쓰기

1. 학술 글쓰기란

글쓰기는 글을 쓰는 목적이나 그 대상에 따라 여러 가지 유형으로 나눌 수 있다. 시나 소설, 수필과 같은 문학작품 창작의 경우 독자들에게 깊은 감동과 여운을 줌으로써 삶의 질을 높이는 데 기여한다. 따라서 그 내용은 객관적인 사실이나 지식 보다는 작가의 정서가 중심이 된다. 한편 자기소개서나 기획서 등과 같은 실용적인 목적의 글쓰기의 경우 취업이나 승진이라는 구체적인 목적을 지닌다. 따라서 사실에 근거한 논리적인 전개와 작성자의 창의적인 생각이 가미되어 자신의 경쟁력을 두드러지게 드러내야 한다.

반면 대학생활에서의 학술적 글쓰기는 정서의 표현이나 실용성이 강한 성격에 그치는 것이 아니라 비판적인 사고를 바탕으로 다양한 학술적 내용을 체험하는 과정에 존재한다고 할 수 있다. 또한 학생들의 학업과 직접적으로 연관된다는 점에서 대학생활 내내 지속적으로 부딪치게 되는 문제이기도 하다. 전쟁이라 일컬어지는 취업 환경과 급변하는 시대적 분위기 속에서 대학의 위상이 점점 변화하고 있다하더라도 여전히 대학은 학술을 하는 곳으로 남아 있으며, 또 남아 있어야 한다. 건강하고 생산적인 학술적 토대가 사회 발전의 원동력이 된다는 것은 동서고금을 막론하고 부정할 수 없는 사실이기 때문이다.

대학에서의 학술적 글쓰기는 학술적 지식을 바탕으로 학습자, 연구자로서의 자신의 견해를 논리적이고 합리적으로 구성하여 제시하는 것이 그 핵심이다. 교수자의 의도를 정확히 파악한 후 그에 적합한 글의 주제와 목적을 분명히 하고 다양한 자료를 수집하는 과정이 요구된다. 무엇보다 수집한 기존의 텍스트 및 정보에 대한 올바른 분석과 이해, 평가를 거친 후 작성자의 견해와 주장을 담는 것이 중요하다.

이러한 학술적 성격의 글들은 대체로 다음과 같은 특징을 지니고 있다.

▶ 학술적 글쓰기는 사실을 기록하는 것에 그치는 것이 아니라 이에 대한 분석과 비판, 평가가 종합된 글쓰기다. 나의 의견을 세우는 것이 중심이지만 남의 의견과 관련시키는 서술 방식이 일반적이다. 따라서 학술적 글쓰기에서는 기존 논의의 검토와 인용의 형식을 익히는 것이 중요하며, 이런 점에서 단순한 정보 전달에 그치는 글쓰기와 구별되어야 한다.

▶ 어떠한 주제에 대한 학술적인 연구 결과를 체계화하여 일정한 형식에 따라 작성한 글이다. 이를 위해 해당 주제에 대한 정확한 지식의 정리와 그에 대한 이해를 토대로 학술적 근거를 제시하여 입론하는 글쓰기 훈련이 중요하다.

2. 학술 글의 종류

일반적으로 합리적인 근거를 바탕으로 하여 어떤 주장이나 견해가 옳다는 것을 객관적으로 입증하는 글이라면 형식에 관계없이 '학술적인 글'이라 할 수 있을 것이다. 학술 활동이 다른 창작 활동과 구별되는 주요 특징 중 하나가 바로 '객관적인 입증'(정당화)이기 때문이다.

일반적으로 학술적인 글이라고 하면 '학술 논문'을 떠올리게 되는데 학술 논문이 대표적인 경우이기는 하지만 학술적인 글에는 이 밖에도 다양한 형식과 특징을 지닌 글들이 존재한다. 학술적인 글에는 논문, 각종 보고서(리포트), 학술 에세이 등이 대표적으로 포함된다.

(1) 논문(학위논문, 소논문)

학술 논문은 학술 분야에서 새로운 발견을 알리거나 연구자의 독창적인 주장과 견해를 입증함으로써 학술 발전에 기여하는 데 그 목적을 둔 글이다. 따라서 학술 논문은 분야마다 요구되는 특별한 논문 형식을 갖추어야 하며, 무엇보다도 '독창성'이 요구된다. 그리고 주제에 대한 독창적인 결론을 이끌어내는 과정에서 먼저 관련 자료에 대한 폭넓은 조사와 분석, 기존 연구에 대한 비판적 정리가 필수적이다. 또한 학술 논문은 각 분야별로 엄격히 규정된 논문 형식에 따라야 한다. 학술 논문은 주제나 내용, 연구 방법이 매우 전문적이어서 해당 학술 분야를 전공하지 않은 사람들은 쉽게 이해할 수 없는 면도 많다.

논문은 크게 학위논문과 학술지 논문(소논문)으로 나뉜다. 학위논문은 대학원 과정에서 작성되는 석사학위논문과 박사학위논문을 말하며, 학술지 논문은 학술전문잡지에 수록된 비교적 짧은 형식의 논문을 의미한다.

학위 논문의 경우에는 각 대학 별로 작성 방식에 대한 규정을 두고 있다. 공주대학교의 학위논문 작성 방식은 다음과 같다.

〈공주대학교 대학원 학위논문 작성 요령—공주대학교 대학원 홈페이지〉

1. 논문의 내용은 이론적으로 중복됨이 없이 간단명료하게 기술한다.

2. 논문 용어 및 분량 : 국문 또는 국한문 혼용, 외국문으로 쓰고, 분량 제한 없다.

3. 논문이 갖출 순서는 다음과 같다.
   1) 제목 및 작성자(제목은 각각 국문과 영문으로 기술하되 간결하여야 함)
   2) 목차 및 표, 그림 목차 : 본문에 연결시키지 않고 별지로 작성해야 함.
   3) 본문
      가. 인문 · 사회계 : 목차, 서론, 본론, 결론, 참고문헌, 초록 순으로 전개
      나. 자연 · 공학계 : 목차, 서론, 본론(이론, 재료 및 실험방법, 실험결과, 고찰 및 검토), 결론, 참고문헌, 초록 순으로 전개
      다. 예 · 체능계 : 서론, 본론, 결론 순으로 하되 자연 · 공학계 방법을 참조.
   4) 인용문헌 : 본문 중에 그대로 기재하되 발행년도 및 쪽[面]은 '홍길동(1997:157)'와 같이 하고 각주는 당해 쪽[面]의 하단에 기재
   5) 참고문헌 : 논문의 본문 뒤에 첨부하며 다음과 같이 기재
      가. 단행본 : 저자명(발행연도), 《서명》, 출판지, 출판사.
      나. 학술지 논문 : 저자명, (발간연도) 「논문제목」 학술지명, 권호, 출판지.
      다. 배열 순서는 ① 국내문헌(저자명 가나다 순서) 먼저
      　　　　　　　　　② 외국문헌은 저자명 알파벳 순서로 배열
   6) 초록(ABSTRACT) : A4 용지 1–2매 분량으로 하되 국문(국한문) 논문에는 외국문 초록, 외국문으로 작성된 논문에는 국문초록을 참고문헌 뒤에 첨부
   7) 부록(질문지, 기타)이 필요할 경우 초록 뒤에 수록

4. 본문에 다는 각주 번호는 아라비아 숫자를 사용하며, 위 첨자로 한다.

5. 논문에 "감사의 말씀(사사)"을 기재하고 싶은 경우에는 논문 말미에 첨부한다.

6. 수량의 단위는 국제단위(SI)를 사용함을 원칙으로 한다.

7. 숫자는 아라비아 숫자를 사용하되 필요에 따라 로마자를 사용할 수 있다.

8. 외국문으로 된 저자명과 논문 제목은 관사, 전치사, 접속사를 제외한 모든 단어의 첫 자는 대문자로 쓴다.

9. 圖, 表(Fig, Tab)등 기타 사항은 각 전공별 소속 학회에서 시행하는 요령에 따른다.

10. 논문작성에서 다른 사항들은 논문 작성 일반 원칙에 따른다.

또한 학위 논문에는 일정한 형식도 존재하는데 이 역시 각 대학 별로 규정하고 있다. 공주대학교의 학위 논문 표지의 형식은 아래와 같다.

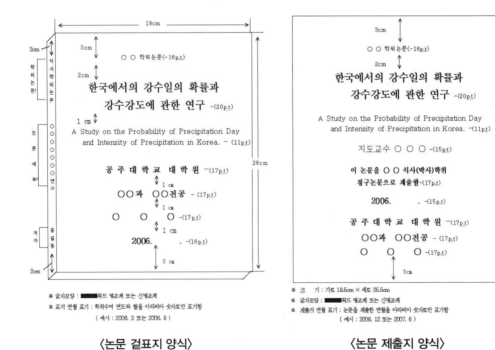

〈논문 겉표지 양식〉   〈논문 제출지 양식〉

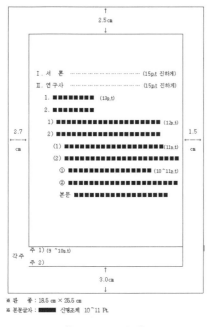

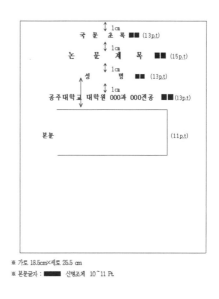

| 〈논문 본문 양식〉 | 〈국문 초록 양식〉 |

(2) 학술 에세이(평론)

　학술 논문이나 보고서는 주로 전문 연구자들 사이에서 유포되는 데 비해 학술 에세이는 일반인들도 비교적 자주 접할 수 있는 학술적인 글이다. 학술 에세이는 다루는 대상에 따라 예술 작품에 대한 평론이나 사회적, 문화적 현상에 대한 평론, 책이나 논문 등에 대한 서평 등으로 나누어 볼 수 있다. 학술 에세이는 어떠한 대상에 대한 해설과 함께 그에 대한 비판을 포함한다. 이때의 '비판'은 대상을 무조건 부정하는 것이 아니라 대상이 지닌 한계와 함께 그것이 지닌 의의나 가치까지도 제대로 평가하는 것을 의미한다. 학술적인 목적을 지닌 본격적인 평론의 경우는 학술 논문의 경우와 마찬가지로 엄격히 정해진 형식에 따라야 하지만, 전문 연구자들이 아닌 일반 독자들을 대상으로 발표된 평론의 경우에는 비교적 형식이 자유롭다. 우리는 흔히 신문이나 잡지 등을 통해 예술 평론이나 사회 평론, 서평을 접할 수 있을 뿐만 아니라, 스스로 평론을 써야 할 기회도 많다. 대학에서는 어떤 수업이든지 특정 주제에 대한 책이나 논문 등을 읽고 서평을 쓰거나, 예술 작품이나 최근 부각되는 사회적, 문화적 현상을 대상으로 평론을 쓸 것을 요구하는 경우가 많기 때문이다.

학술에세이 작성을 위해서는

▶ 비판적으로 사고하라.

　항상 '왜'라는 질문을 던지면서 당연하게 여겨지는 현상들에 문제를 제기해야 한다. 다양한 시각에서 비판하고 고정 관념을 깨는 전복적 사고를 훈련함으로써 참신하고 예리한 문제제기가 가능해진다.

▶ 분석적으로 사고하라.

　다양한 현상에는 그러한 현상을 가능케 한 원인들이 복합적으로 작용하는 경우가 많다. 또는 각기 다른 현상들이 하나의 원인으로 연결되기도 한다. 문제가 되는 현상들에 대한 원인과 결과를 깊이 있게 따져보는 것만으로도 본질에 접근할 수 있는 길이 열린다.

▶ 논리적으로 사고하라.

　자신의 주장에 설득력이 생기려면 감정보다는 논리적 접근이 필요하다. 논리성을 확보하기 위해서는 무엇보다 자신의 주장을 명확히 하고 이를 뒷받침할 수 있는 합리적인 근거(논거)를 찾는 것이 중요하다.

▶ 종합적으로 사고하라.

　학술 에세이는 사실이나 현상에 대한 필자의 성찰적인 시각과 현실 가능한 대안을 제시하는 것이 좋다. 이를 가능하게 하는 것은 현상과 사실을 둘러 싸고 있는 상황에 대한 종합적인 이해이다. 그래야 편견을 배제한 설득력을 확보할 수 있다.

(3) 각종 보고서(리포트)

　리포트는 조사나 연구, 실험 결과에 관한 글이나 문서를 말한다. 리포트는 학술 에세이에 비해 학술적인 논리나 체제의 엄밀성이 중요하다. 리포트를 작성할 때에는 학술적 가치를 지닌 기존 연구 또는 자료를 적극적으로 활용해야 한다. 전체의 구성은 표지, 목차, 본문, 참고문헌 등으로 이루어지며, 본문의 경우 서론, 본론, 결론의 형태를 갖춰야 한다.

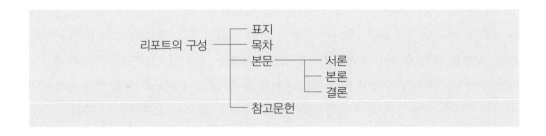

특히, 리포트는 대학에서 수행하는 학술 글쓰기 중 가장 활용도가 높다. 리포트는 학생들의 지식수준을 높이고, 각자의 실력을 공정하게 평가할 수 있는 효과적인 방법이기 때문이다. 따라서 리포트 작성을 통해 다양한 학술 자료를 수집·정리하고, 학술 글쓰기의 용어와 형식을 체계적으로 구성하는 기술을 습득할 수 있다. 또한 수업 시간 외에 스스로 문제 해결 능력을 키우는 소중한 기회가 된다.

보고서는 설문, 답사, 관찰, 관측, 실험, 실습 등을 통해 얻어진 연구 및 실험 자료들을 정리하여 보고하는 글로서 해당 학술 분야마다 정해진 형식에 따라 연구 및 실험 과정을 과학적이고 객관적인 방식으로 보여준다. 따라서 연구 및 실험 보고서의 결과는 대개 계량적 자료로 정리되며 글쓴이 자신의 관점은 최대한 배제된다.

대학 생활에서 학생들이 자주 쓰게 되는 학술적인 글들 가운데 하나가 연구 및 실험 보고서이다. 자신의 전공 영역에 따라 어느 정도 차이가 있겠지만 학생들은 수업 시간에 설문 조사 보고서, 답사 결과 보고서, 관찰 및 관측 보고서, 실험 및 실습 보고서와 같은 다양한 종류의 보고서들을 제출해야 한다. 이처럼 대학 수업에서 학생들에게 연구 및 실험 보고서를 요구하는 것은 학생들 스스로 보고서를 작성하기 위해 다양한 자료들을 조사하고 정리하는 과정에서 특정 주제(혹은 문제)에 대한 학술적 기초 지식과 지적 능력을 마련하게 하려는 데 그 목적이 있다.

하지만 실제 수업현장에서 제대로 된 형식과 내용을 갖춘 보고서를 만나기란 그리 쉽지 않은 것이 현실이다.

대학생 리포트 이것이 문제다

〈게으른 농부형〉

남들이 밭을 갈 때 쉬고, 씨 뿌릴 때 놀고, 잡초도 뽑지 않은 채 앉아서 결실만 바라는 농부형의 학생들은 결국 아무 것도 얻지 못하고 허송세월만 보낸다. 과제 제출 기일은 다가오고, 준비된 것은 없으니 남의 것을 훔치거나 빌려 올 수밖에 없다. 가장 흔한 경우는 인터넷에 떠도는 자료를 복사해서 제출하는 것이다. 누구나 키워드만 검색해도 볼 수 있는 자료를 제출하는 것은 점수와 공부를 포기했다고 밖에 볼 수 없다.

〈공리주의자형〉

그들은 최소의 투자로 최대의 효과를 기대한다. 가령 최소 몇 백 원에서 몇 천 원대의 금액을 지불하고 좋은 학점을 받은 다른 학생의 리포트를 사서 제출한다. 평소 자신이 수업 때 보인 태도나 글쓰기를 통해 드러난 실력을 이미 알고 있는데 남의 글을 제출하는 것은 양심의 문제이다.

〈돈키호테형〉

과제의 의도를 전혀 파악하지 못하고 제멋대로인 학생들이 많이 있다. 좌충우돌 제멋대로 과제를 해석하고 본인이 쓰고 싶은 대로 작성한 채 요구사항을 충족시키지 못한 학생의 글은 어디서부터 고쳐주어야 할지 난감하다. 이 경우에는 주제문 작성을 연습하면 도움이 된다.

〈햄릿형〉

자료도 많이 찾아보고 생각도 많이 하지만, 정작 핵심을 찾지 못해 우왕좌왕 방향을 잃고 글을 산만하게 쓰는 학생들이 여기에 속한다. 햄릿형 학생들은 글의 순서와 구성 방법만 가르쳐 주어도 글이 눈에 띄게 좋아진다.

〈앵무새형〉

그들은 논의에 대한 진전 없이 같은 말만 반복한다. 여기에 속한 학생들은 한 가지 사실에 매달려 표현만 바꿔가며 같은 내용을 반복해서 쓴다. 주제의 본질을 찾지 못한 대부분의 학생들이 여기에 속한다. 이때 문제를 해결하기 좋은 방법은 개요를 작성해 보는 것이다.

〈무법자형〉

그들은 주제 파악은 물론 맞춤법, 띄어쓰기, 문장구성 등 모든 규칙을 무시한다. 여기에 해당하는 학생은 사실 글쓰기 자체의 원리와 방법을 전혀 모르는 경우가 태반이다. 차근차근 문장의 규범과 원리를 기초부터 익히면 조금씩 나아질 수 있다.

– 출처 : 『백지공포증이 있는 대학생을 위한 글쓰기』 중에서

모든 글은 독자를 염두에 두어야 한다. 자신이 작성한 보고서 역시 독자의 입장에서 객관적으로 검토할 필요가 있다. 대체로 평가자들은 다음과 같은 기준으로 보고서를 평가한다.

평가자의 눈으로 이해하자

〈좋은 점수를 줄 수 없는 이유들〉
- 아무리 읽어봐도 무슨 이야기를 하고 있는지 알 수가 없네…
- 내가 이 과제를 왜 제시했는지 주제를 이해한 흔적이 전혀 보이지 않아…
- 글의 구성이 엉망이야. 비슷한 내용이 반복되거나 아예 상반된 내용이 나오다니…
- 문단 구성도 제대로 되어 있지 않구먼…
- 정확한 문장 쓰기의 기본을 안 지킨 데다 오탈자가 너무 많아 읽기가 힘들군…
- 이것저것 짜깁기 한 흔적을 감출 수가 없군…

〈중위 평가를 내릴 수밖에 없는 네 가지 이유〉
- 글의 짜임새는 있지만 내용이 모호하고 지루해서 논점을 부각시키지는 못하고 있네…
- 성의 있게 쓰기는 했지만 내용이 단순하고 누구나 다 아는 내용을 써놓아서 아쉽다…
- 자신의 의견을 밝히는 것은 좋은데 주제를 논리적으로 뒷받침하는 근거가 미약하군…
- 가끔씩 문장이 깔끔하게 다듬어지지 않은 경우도 있지만, 자신의 생각을 자연스럽고 명확하게 펼쳐나가려고 노력한 게 보이네…

〈마음에 쏙 들어 상위 평가를 내릴 수밖에 없는 이유〉
- 내가 이 과제를 왜 내주었는지 의도를 간파하고 스스로 이에 부합되는 흥미로운 주제의식을 명확히 보여주고 있어 좋군!
- 더구나 설득력 있게 근거를 갖추려고 공부도 많이 해서 논의될 만한 내용을 잘 담고 있네!
- 다양하고 풍부하게 관련 자료들을 수집했고, 이를 적절한 방식으로 인용해서 학습 윤리도 잘 지켰군!
- 무엇보다 문체가 깔끔하고, 한 편의 글로 잘 완결되어 읽기가 아주 편했다!

이처럼 평가자의 눈은 보고서의 내용(출제자의 의도에 부합하는), 설득력 있는 논리전개, 문장과 문단 표현의 적절성 등 다양한 기준을 보고 있다는 것을 기억하자.

3. 보고서 쓰기

보고서란 어떤 단체나 조직에서 문서로 제출하는 커뮤니케이션 수단이다. 대학과 대학원에서 학생들이 제출하는 보고서나 논문 등 대부분의 글을 흔히 '리포트'라 통칭하기도 하는데, 리포트는 주로 한국과 일본의 대학에서 과제를 지칭하는 용어로 편의상 통용되고 있다.

대학생들에게 보고서나 논문을 부과하는 것은 학생 스스로 조사·연구할 수 있는 능력을 기르도록 하는 데 그 목적이 있다. 주어진 여건 상 강의실에서 모든 문제를 해결할 수는 없다. 중요하지만 강의 시간에 미처 다루지 못했던 문제들을 학생들이 스스로 탐색하고 연구할 수 있는 기회를 통해 시간 여건상 강의실에서 미처 다루지 못한 문제를 학생들이 직접 연구하게 함으로써 좀 더 폭넓은 지식을 습득하도록 할 수 있다. 또한 강의실에서는 불가능한 현장조사 등을 통해 자료조사 방법을 학생들 스스로 익힐 수도 있다. 뿐만 아니라 자기의 주장이나 견해를 체계적이고 논리적으로 전개할 수 있는 능력을 키워 강좌에 대한 이해도를 높이는 데에도 도움이 된다. 따라서 보고서는 학생들의 학습 노력이나 연구 능력을 판단하고 평가하는 중요한 근거가 되는 중요한 문서이다.

(1) 보고서 작성 과정

보고서의 작성은 주어진 과제를 파악하여 주제를 설정하고, 이를 뒷받침할만한 자료를 수집하는 일로 시작된다. 자료가 수집되면 글쓴이의 관점에서 정리하고 분석하여 개요를 작성해야 한다. 개요를 따라 초고를 쓴 뒤, 미비한 부분을 고쳐씀으로써 보고서 작성은 마무리된다. 각 단계별로 유념해야 할 사항을 정리해 보자.

1) 과제 분석과 주제 찾기 – 무엇을 써야 하나?

무엇보다 좋은 보고서를 쓰려면 먼저 주어진 과제가 무엇을 요구하는지를 정확히 인식해야 한다. 작성자의 주관적인 견해를 필요로 하는 보고서를 작성해야 함에도 불구하고 자료를 정리하는 수준의 보고서를 작성한다거나 반대로 실험 결과의 정리나 논저의 요약만을 요구하는 보고서를 작성해야 하는데 작성자의 판단이나 의견이 개입된 보고서를 제출한다면 애써 작성한 보고서가 무의미한 것이 될 수도 있다. 따라서 무엇을 써야 하는지 미리 메모하고 그 내용을 추정하여 정리하는 것이 필요하다.

대학이나 대학원에서 학생들이 제출해야 하는 보고서의 주제는 담당 교수에 의해 제시되는 경우도 있고 학생이 직접 선정해야 하는 경우도 있다. 교수는 학생이 해결해야 할 과제를 구체적으로 제시하기도 하지만, 때로는 유연하고 폭넓게 제시하기도 한다. 이때 학생은 자신이 작성할 보고서의 주제를 구체적으로 확정해야 한다. 보고서의 주제를 확정할 때에는 과제를 제시한 교수의 의도, 그리고 학생의 관심거리와 작성 능력, 보고서의 규모, 주어진 시간, 참조할 자료의 유무 등을 고려해서 결정하는 것이 좋다.

하지만 처음부터 확실한 주제를 정하는 것이 쉽지 않다. 처음 결정한 주제는 잠정적인 것이라고 생각하고 참고자료를 찾아보면서 주제를 구체적으로 확정해 나가는 것이 좋다. 자신이 작성하고 싶은 주제라 하더라도 참조할 자료가 없거나 너무 적으면 보고서를 작성하는 데 많은 어려움이 있다. 또한 참조할 자료가 있다 하더라도 자료를 이리저리 살피는 사이에 주제를 바꾸고 싶은 생각이 들기도 하고, 처음에 선정한 주제가 연구 불가능한 주제임이 드러날 수도 있다. 그럴 때는 처음 선택한 주제에 집착하지 말고 다른 주제로 눈을 돌리는 용기도 필요하다. 한편 자유로운 주제로 보고서를 작성해야 할 경우에는 확정된 주제를 선정한 이유를 함께 밝히는 것이 좋다.

2) 자료의 수집과 정리 – 어떤 내용을 쓸 것인가?

주제가 정해졌다면 이를 뒷받침해 줄 수 있는 자료를 수집하고 정리하여 작성자의 관점에서 분석해야 한다. 자료의 신뢰성과 다양성, 풍부함, 참신성, 주제에 맞는 적합성 등이 보고서의 충실도를 좌우하는 중요한 요소가 되므로 자료수집에 각별히 신경을 써야 한다. 자료의 수집과 검토 과정에서 작성하고자 하는 과제의 성격이 더욱 명료해지기도 하고 때로는 새로운 문제점들이 도출되기도 한다. 따라서 자료가 어느 정도 모아지고 자료의 검토가 끝난 후 보고서를 작성해 가는 과정이라도 필요하다면 다시 보충자료를 수집해야 한다.

자료를 수집할 때에는 먼저 개설서를 통해 목록을 작성해 보는 것도 좋은 방법이다. 그것을 바탕으로 최근의 자료까지 찾는 것이다. 대학교육에서 학생들에게 보고서를 작성하도록 하는 목적은 여러 가지가 있지만 그 중에서 학생들 스스로가 자료를 찾아 분석하고 주어진 주제에 대해 다양하고 깊이 있게 사고하는 훈련을 하도록 하는 경우도 있다. 따라서 작성자가 수집한 자료에 오류나 왜곡은 없는지 철저히 확인해야 한다. 특히 인터넷 상에 수집한 자료 중 그 출처가 불분명한 자료에 대해서는 확인이 불가능하다면 함부로 인용하는 것은 금물이다. 일반적으로 학습 보고서에서 수집된 자료는 글쓴이의 주제를 뒷받침하는 논거로 활용되기 때문에 공신력 있는 자료를 수집하는 것은 보고서의 질을 결정하는 중요한 요소이다.

자료를 구하기가 어려운 경우에는 먼저 구한 자료를 읽어가면서 자료를 수집하는 것이 좋다. 자료를 읽다 보면 그 안에 참고문헌을 통해 새로운 정보를 얻을 수 있기 때문이다. 자료를 읽으면서 자신이 써야 하는 보고서에 필요한 부분은 따로 정리할 필요가 있다. 인용할 자료의 내용과 성격에 따라 직접 인용할 대상, 요약 인용할 대상, 바꿔 인용할 대상 등으로 자료를 구분하여 정리하면 보고서 집필과정에서 이를 용이하게 사용할 수 있기 때문이다. 아울러 자료를 정리하면서 작성자의 생각이나 평가를 간단하게 메모하는 것도 도움이 된다. 그리고 서지사항과 발췌한 부분이 어느 페이지인지까지 정확하게 기록해두어야 한다. 이는 보고서에 인용문을 넣을 경우 그 출처를 밝혀 두어야 하기 때문이다.

3) 개요 작성과 초고 쓰기 – 어떻게 구성하여 쓸 것인가?

글의 주제를 정하고 자료를 수집·정리가 충분히 이루어졌다면 이를 토대로 주제를 선명하게 드러낼 수 있는 보고서의 구성 방식을 고민해야 한다. 구성은 보고서의 설계도를 그리는 것으로 일반적으로 개요 작성법을 익혀 활용하면 도움이 된다. 쓸거리를 몇몇 항목 아래에 분류한 뒤 작성할 순서를 정하고 항목별로 어느 정도의 분량으로 작성할 것인지 결정해야 한다. 또한 필요한 그림이나 통계 자료, 도표나 인용문 등은 어디에 어떤 모양으로 배치할지도 구상해야 한다. 무엇보다 중요한 내용이 누락되거나 비슷한 내용이 반복되지 않도록 주의해야 한다.

보고서의 유형에 따라 작성해야 할 내용이 다르므로 개요를 작성하는 방법에도 차이가 있다. 논문에 해당하는 연구 보고서의 경우는 일반적으로 '서론-본론-결론'의 3단 구성을 취하고 주제에 따라서 '문제점-사례-개선책-전망'의 구성이 이루어지기도 한다. 감상문의 경우 '대상 소개-기존 평가-분석과 감상' 등의 구성을, 요약문의 경우 '요약 자료 소개-요약 내용'의 구성을 갖추는 것이 좋다. 조사·답사 보고서는 대체로 '조사·답사의 목적-개요-결과-소감'의 구성을 취하며 구체적인 자료의 분량이 많은 경우 맨 뒤에 첨부하기도 한다. 실험·관찰 보고서의 경우는 '실험·관찰의 목적-이론과 방법-시행-결과-분석-논점' 등으로 구성한다.

'서론, 본론, 결론' 구성의 일반적인 요소

구분	구성	주요내용
서론	도입과 문제 제기	– 대상의 범위 및 선택 동기 – 대상과 관련된 이론 또는 선행 논의 – 문제 제기 및 연구 방법
본론	문제 해결방안 제시	– 대상의 이해에 필요한 사회 · 문화적 배경 – 대상에 대한 분석 및 해석 　(분석, 예시, 인용, 실험자료, 통계를 제시) – 대상에 대한 비평과 평가 　(제기된 문제에 대한 해결 방안 제시)
결론	주제 재확인 및 전망 제시	– 본론의 핵심 정리 – 대상의 사회 · 문화적 의의 – 대상의 한계 및 전망에 대한 의견 제시 　(새로운 과제에 대한 방향 제시와 전망)

보고서는 객관적인 사실에 근거한 타당한 논리의 전개와 설득력이 생명이다. 이를 위해서는 무엇보다 탄탄한 문장이 뒷받침되어야 한다. 아무리 훌륭한 생각과 관점이라 하더라도 문장이 이를 뒷받침하지 못한다면 독자(교수)를 설득하기 어렵다. 따라서 보고서 작성에 사용하는 문장은 다음에 유의해야 한다.

보고서를 쓸 때 주의해야 할 문장 요소

- 예상 독자를 고려한 문체의 선택(교수, 동료 학생)
- 간결한 문장과 객관적이고 구체적인 어휘의 사용
- 인터넷 용어나 유행어, 공인되지 않은 전문 용어의 사용 자제
- 수사적인 표현과 감탄문, 의문문, 청유문의 사용 자제
- 지나친 과장이나 개인적 감정 표현, 추측 표현 자제(~인 듯하다. ~것 같다. ~인 모양이다 등)
- 가독성 높은 구성과 편집(줄 · 표 · 그래프 · 그림 · 부호 · 특수문자 등을 활용한 시각적 효과, 글자 모양 · 크기, 좌 · 우, 상 · 하 여백)
- 소리 내어 읽기를 통한 오류의 수정(오탈자, 모호한 문장, 도표나 그림의 오류 등 수정 등)

4) 수정 및 퇴고하기

러시아의 문호 도스또예프스끼가 똘스또이를 부러워한 것도 그의 재주가 아니라 "그는 얼마나 느긋하게 원고를 쓰고 앉았는가!"하고 원고료에 급하지 않고 얼마든지 퇴고할 시간적 여유가 있었음을 부러워 한 것이다.

러시아어 문장을 가장 아름답게 썼다는 뚜르게네프는 어느 작품에서든지 써서 곧 발표하는 것이 아니라 책상 속에 넣어두고 석 달에 한 번씩 꺼내보고 고쳤다고 하며, 고리끼도 체호프와 똘스또이에게 문장이 거칠다는 비평을 받고부터는 얼마나 퇴고를 심하게 했던지 그의 친구가 "그렇게 자꾸 고치고 줄이다간 '어떤 사람이 태어났다. 사랑했다. 결혼했다. 죽었다' 네 마디밖에 안 남지 않겠나?"

했단 말도 있다. 아무튼 두 번 고친 글은 한 번 고친 글보다 낫고, 세 번 고친 글은 두 번 고친 글보다 나은 것이 진리다. 예나 지금이나 명문장가치고 퇴고에 애쓴 일화가 없는 사람이 없다.

– 출처 : 이태준, 『문장강화』 중에서

모든 글쓰기에서도 그렇지만 특히 학술 글쓰기에서의 퇴고는 아무리 강조해도 지나치지 않다. 제출하기 직전까지 계속 읽고 다듬어야 보고서의 완성도가 높아진다. 보고서를 퇴고할 때는 다음의 사항을 염두에 두고 하는 것이 좋다.

〈보고서 퇴고 시 유의사항〉

– 선정된 주제를 적합한 내용들을 충분하게 다루고 있는가?
  (주제를 벗어나지는 않았는가?)
– 보고서의 전체적인 내용이 통일성 있게 조직되었는가?
– 논리적으로 일관되게 진술하고 있는가?
– 글의 전체적인 구성은 적절한가?
– 문장 표현이 적절하게 이루어졌는가?
– 문단의 구분은 적절한가?
– 표현상의 문제들(오탈자, 띄어쓰기, 문장부호 등)은 없는가?
– 각주와 인용, 참고문헌 등은 빠짐없이 기재하였는가?

(2) 보고서의 구성

보고서의 형식은 그 유형에 따라 다르다. 대학에서 학생들이 가장 많이 쓰게 되는 보고서가 학습 보고서와 실험 보고서이다. 학습 보고서의 경우 대체로 표지 → 차례 → 본문 → 참고문헌 순서로 구성된다.

1) 표지

보고서의 표지는 지나치게 화려하게 꾸미기보다는 보고서의 내용(주제)와 보고자와 관련된 정보들이 일목요연하게 제시되는 것이 중요하다. 보고서에는 보고서의 제목, 담당 과목과 담당 교수 이름, 제출자의 소속 학과(학부/계열), 제출자의 학번, 제출일 등을 차례대로 기입하되 제목이 잘 부각되도록 구성하여 보고서의 내용이 무엇인지 한눈에 알아볼 수 있도록 해야 한다. 또한 보고서의 기본 형식을 해치지 않는 범위 내에서 보고서의 성격이 잘 드러나도록 편집 기술을 활용하는 것도 좋다. 가령, 답사 결과를 담은 보고서라면 답사 지역과 관련된 사진이나 그림을 삽입하는 것도 좋은 방법이다.

2) 제목

제목은 보고서의 핵심적인 내용을 한눈에 확인할 수 있어야 한다. 지나치게 독특하거나 추상적인 제목보다는 보고서의 핵심 내용과 의미가 무엇인지 알 수 있는 구체적인 제목이 좋다. 보고서의 성격이 지나치게 포괄적이라면 큰 제목에 작은 제목을 붙여서 범위를 제한할 수도 있다.

3) 목차

목차는 표지나 본문 앞부분에 일목요연하게 정리하여 제시하는 것이 원칙이다. 본문은 서론, 본론, 결론의 3단 구성이 일반적이지만, 필요한 경우 소제목을 붙여 장과 절로 적절하게 배분하여 구성할 수도 있다.

본문에서 장과 절, 그리고 항은 보고서의 유형과 관계없이 다음의 원칙 가운데 하나를 선택하여 일관성 있게 구분하면 된다.

장과 절의 구분 방식

▶ 수문자식 : 숫자와 문자를 번갈아 가면서 장, 절, 항 등을 표시

장 – Ⅰ. Ⅱ와 같은 로마 숫자

절 – A, B와 같은 문자

항 – 1과 2 등의 아라비아 숫자

▶ 숫자식 : 숫자만으로 표시하는 방식

장 – 한 자리 수 1, 2

절 – 두 자리 수 1.1 및 1.2

항 – 세 자리 수 1.1.1과 1.1.2 등으로 표시

▶ 장절식 : '제1장', '제1절' 따위를 부호대신 사용

▶ 단락식 : 장(또는 절) 이하를 단락으로 구분하여 일련번호를 붙이는 방식

끊임없이 지도 밖으로 행군하라!
- 나의 역할 모델 '한비야'-

강좌 명	창의적 사고와 표현
담당교수	0. 0 0 교수님
학과	00000학과
학번	00000000
제출자	0. 0 0

〈표지의 예〉

목 차

〈목차의 예〉

4. 인용 · 주석 · 참고문헌

글쓴이는 글의 완성도를 높이기 위해서 타인의 저작을 참고하기도 한다. 참고 작업을 적절하게 수행하면, 글쓴이는 논거의 타당성을 강화하며 글의 신뢰도를 높일 수 있다. 참고 작업은 글의 질적 수준을 높이기 위해 중요한 단계이다.

이때 반드시 잊지 말아야 할 것은 다른 저작을 참고했음을 밝히고 그 출처를 명시하는 것이다. 이 작업을 제대로 수행하면 정당한 인용이고, 그렇지 않으면 표절이다. 글쓰기 윤리를 지킨다는 것은 곧 참고 작업의 경위와 그 출처를 명기한다는 뜻과 같다. 그러기 위해서 인용, 각주 표기, 참고문헌 작성 방법을 숙지해야 한다.

(1) 인용

다른 사람의 말이나 글을 자기 글에서 사용하는 것을 인용이라고 한다. 인용은 직접 인용과 간접 인용으로 나뉜다.

1) 직접 인용

원문을 한 글자도 바꾸지 않고 그대로 인용한다. 본문에서 인용문의 저자를 밝혀준다. 인용문의 길이에 따라 두 가지 방식으로 표시한다.

긴 직접 인용문	인용문 위와 아래 한 줄씩 띄기, 인용문 왼쪽에 여백 두기, 인용문 글자 크기 축소하기
짧은 직접 인용문	"인용문"을 본문에 삽입하기

① 긴 직접 인용문

저자는 다음과 같이 쓴다.

　　긴 직접 인용문

본문…

| 예시 | 플라톤은 다음과 같이 쓴다. |

그리하여 에로스는 포로스와 페니아의 아들인 까닭에 그 운수도 이들에게서 얻게 된 것입니다. 첫째로 그는 항상 가난합니다. 그리고 많은 사람들이 생각하는 것처럼 부드럽고 아름답기는 커녕, 도리어 딱딱하고 거칠고 신발도 없고 집도 없지요. 그래 늘 이부자리도 없이 땅바닥에 누우며, 문간이나 길가 같은 한데서 잡니다. 그건 그 어머니를 닮아 언제나 궁핍한 때문이에요. 그러나 아버지를 닮은 데도 있어서, 아름다운 것과 좋은 것을 차지하려고 획책합니다. 또 용감하고 저돌적이고 열렬하며, 힘센 사냥꾼이요, 늘 모략을 꾸미며, 실천면에서의 지혜를 찾아 마지않되 여기에 성공도 하며, 온 생애를 통하여 애지자이며, 또 놀라운 마술사, 독약 조제사, 궤변가입니다.

본문…

② 짧은 직접 인용문

저자는 다음과 같이 말한다. "짧은 직접 인용문"
저자는 "짧은 직접 인용문"이라고 쓴다.

| 예시 | 본문… 플라톤은 "에로스는 포로스와 페니아의 아들인 까닭에 그 운수도 이들에게서 얻게 된 것"이라고 쓴다. 본문… |

2) 간접 인용

원문을 글쓴이의 말로 요약하거나 압축해서 인용한다. 변형한 인용문을 본문과 구별하지 않고 본문 안에 쓴다. 인용문 앞에 〈저자에 따르면〉이라는 말을 삽입하거나, 〈저자는 ~라고 말한다〉라는 형식으로 쓴다.

| 예시 | 앞의 긴 직접 인용문을 간접 인용문으로 고쳐보면 다음과 같다. |

본문… 플라톤에 따르면, 에로스는 어머니 페니아를 닮아서, 부드럽지도 아름답지도 않다. 그러기는 커녕 피부는 딱딱하고 거친데다 신발도 집도 없다. 이부자리도 없이 길섶이나 문간, 땅바닥에서 하늘을 지붕 삼아 잔다. 그러나 아버지를 닮아서 풍요를 그리워하며 계책을 꾸민다. 용감하고 저돌적인 사냥꾼이자 지략이 풍부한 마법사다. 본문…

(2) 주석

직접 인용과 간접 인용을 잘 구분하고 그 작성방법을 파악한 것으로 인용 방식을 다 안다고 할 수 없다. 그 인용문의 출처를 밝혀주어야 인용을 완성할 수 있다. 인용문의 출처에 대한 정보가 바로 주석이다. 주석은 글쓴이의 도덕성을 판가름하는 기준이다. 주석이 있으면 정당한 인용이요, 없으면 표절이다.

주석을 표기할 때에도 따라야 할 규칙이 있다. 그 표기 방식의 올바름 여부도 글쓴이의 자질을 평가하는 근거이다. 사실 주석 표기법은 유일하지 않다. 논문을 제출하는 학회지 또는 학교의 성격에 따라 조금씩 다르다. 중요한 것은 하나의 글 안에서 주석 표기 형식을 통일하려는 정신이고, 글이 발표되는 공동체의 약속을 준수하려는 의지이다.

다양한 주석 표기 형식을 관통하는 원리는 유사하다. 일반적인 표기법을 숙지해 두면 다른 형식에 쉽사리 적용할 수 있다.

주석은 그 위치에 따라 내각주와 외각주로 나뉜다. 내각주는 출처 정보를 본문 내(內) 괄호 속에, 외각주는 출처 정보를 본문 외(外)에 표기하는 방법이다. 백문이 불여일견이라, 우선 사례를 보자.

내각주	김상봉(2005)에 따르면, 한국의 도덕교육을 치명적으로 병들게 하는 오해는 도덕적 강제의 본질과 관련해서 발생한다. 도덕은 언제나 당위 즉 명령법의 형태로 나타난다. 강제는 언제나 타자로부터, 타자에게로 향한 것이요, 순수한 자기관계에서는 결코 발생할 수 없다.
외각주	한국의 도덕교육을 치명적으로 병들게 하는 오해는 도덕적 강제의 본질과 관련해서 발생한다. 도덕은 언제나 당위 즉 명령법의 형태로 나타난다. 강제는 언제나 타자로부터, 타자에게로 향한 것이요, 순수한 자기관계에서는 결코 발생할 수 없다.[1]

1) 김상봉, 『도덕교육의 파시즘—노예도덕을 넘어서』, 길, 2005, 143~152면 참조.

내각주를 사용할 때 인용 저서의 저자와 발행연도만 인용문 앞에 쓴다. 외각주의 경우 본문의 해당 페이지 맨 아래에 밑줄을 긋고 그 밑에 인용 저서의 모든 서지사항을 쓴다.

1) 외각주 표기법

인용문 끝에 번호를 붙이고 본문 하단 밑줄 아래에 원문의 서지사항을 쓴다. 이때 따라야 할 규칙이 있다. 이 규칙이 바로 각주 표기법의 핵심이다. 가장 기본적인 규칙은 다음과 같다.

책과 글을 구분하자!

책	단행본, 편저, 번역서/장편소설, 소설집―겹낫표 『』
글	일반학술논문, 학위논문, 평론/단편소설―낫표 「」

일반적인 각주 형식은 다음과 같다.

① 직접 인용 표기법

책	저자, 『책 제목』, 출판사, 발행연도, 인용면수.
글	저자, 「글 제목」, 『출처책 제목』, 출판사(학회명), 발행연도, 인용면수.

○ 쉼표와 마침표의 사용 여부, 띄어쓰기 여부에 유의하자.
○ 인용면수는 국내문헌의 경우 〈~쪽〉 혹은 〈~면〉으로, 서양문헌의 경우 〈p.~〉로 표기한다. 단일 페이지에서 인용 시 〈p.숫자〉, 여러 페이지에서 인용 시 〈pp.숫자~숫자〉로 표기한다.(p.2/pp.10~15)
○ 번역서의 경우 책 제목 뒤에 번역자 이름을 넣는다.(주디스 버틀러, 『윤리적 폭력 비판』, 양효실 역, 인간사랑, 2013, 24면.)
○ 서양문헌의 경우 책 제목은 이탤릭체로, 글 제목은 큰 따옴표 안에 표기한다.
○ 서양문헌에서 저자 이름은 〈이름, 성〉의 순서이다.

예시 / 왕은철, 『애도예찬』, 현대문학, 2012, 43면.
　　　 강진호, 「국가주의 규율과 '국어' 교과서」, 『현대문학의 연구』 32, 한국문학연구학회, 2007, 23면.
　　　 프란츠 파농, 『검은 피부, 하얀 가면』, 이석호 역, 인간사랑, 1998, 30~43면.

② 간접 인용 표기법

　　○ 직접 인용 표기법을 준용하되, 인용면수 뒤의 마침표를 없애고 〈참조〉를 넣은 다음에 마침표를 찍는다.

책	저자, 『책 제목』, 출판사, 발행연도, 인용면수 참조.
글	저자, 「글 제목」, 『출처책 제목』, 출판사(학회명), 발행연도, 인용면수 참조.

예시　　왕은철, 『애도예찬』, 현대문학, 2012, 43면 참조.

　　　　강진호, 「국가주의 규율과 '국어' 교과서」, 『현대문학의 연구』 32, 한국문학연구학회, 2007, 23면 참조.

　　　　프란츠 파농, 『검은 피부, 하얀 가면』, 이석호 역, 인간사랑, 1998, 30~43면 참조.

이제 실제로 인용문에 각주를 표기하는 방법을 연습해 보자. 앞에서 인용한 플라톤의 글에 각주를 달아 다시 쓰면 다음과 같다.

직접 인용	플라톤은 "에로스는 포로스와 페니아의 아들인 까닭에 그 운수도 이들에게서 얻게 된 것"[2]이라고 쓴다. ——————— 2) 플라톤, 『플라톤의 대화』, 최명관 역, 종로서적, 1994, 276면.
간접 인용	플라톤에 따르면, 에로스는 어머니 페니아를 닮아서, 부드럽지도 아름답지도 않다. 그러기는 커녕 피부는 딱딱하고 거친데다 신발도 집도 없다. 이부자리도 없이 길섶이나 문간, 땅바닥에서 하늘을 지붕 삼아 잔다. 그러나 아버지를 닮아서 풍요를 그리워하며 계책을 꾸민다. 용감하고 저돌적인 사냥꾼이자 지략이 풍부한 마법사다.[3] ——————— 3) 플라톤, 『플라톤의 대화』, 최명관 역, 종로서적, 1994, 276면 참조.

2) 내각주 표기법

직접 인용에서는 인용문 끝에 (저자, 출판연도:면수)를 쓰고, 간접 인용에서는 (저자, 출판연도)를 쓴다. 자세한 서지사항은 본문에 쓰지 않고 참고문헌에 제시한다.

예시	직접 인용	채호석은 "노동 문학이 '노동자'에 한정되어 있을 때 노동 문학의 발전은 제한되고 말 것"이라고 말한다.(채호석, 2014: 262~263)
	간접 인용	채호석(2014)에 따르면 노동 문학이 노동자에게만 주목할 때 발전하기 힘들다.

3) 약식 주석

동일한 저서에서 여러 번 인용할 때, 전체적인 서지사항을 반복적으로 쓰는 것은 경제적이지 않다. 앞에서 인용한 문헌을 다시 인용할 때에는 약식 주석을 사용한다. 이때에도 규칙이 있는데, 중요한 것은 〈위와 앞의 구별〉, 〈직접 인용과 간접 인용의 구별〉, 〈책과 글의 구별〉이다.

	위의 책	위의 글	앞의 책	앞의 글
사용 조건	직전에 사용한 책이나 글에서 연달아 인용할 때/〈저자명〉 명기 안함		몇 단계 전에 나온 책이나 글에서 시차를 두고 인용할 때/〈저자명〉 명기	
직접 인용	위의 책, 면수.	위의 글, 면수.	저자명, 앞의 책, 면수.	저자명, 앞의 글, 면수.
간접 인용	위의 책, 면수 참조.	위의 글, 면수 참조.	저자명, 앞의 책, 면수 참조.	저자명, 앞의 글, 면수 참조.

외국문헌의 경우 '위의 책'은 'Ibid.'로, '앞의 책'은 'Op.cit.'로 표기한다. Ibid.는 라틴어 ibidem(in the same place)의 생략형이고 Op.cit.는 라틴어 opere citato(in the work cited)의 생략형이다.

예시 / 본문…

1) 변학수, 『문학치료』, 학지사, 2015, 50면.
2) 위의 책, 68면 참조.
3) 이상섭, 『문학비평용어사전』, 민음사, 2015, 98면.
4) 위의 책, 32면.
5) 변학수, 앞의 책, 43면.
6) 위의 책, 54면 참조.
7) 이상섭, 앞의 책, 56면 참조.

(3) 참고문헌

본문을 마치고나서 글 전체에서 참고한 모든 자료의 목록을 적는다. 이 부분이 〈참고문헌〉이다. 참고문헌 작성 시 주의할 사항은 다음과 같다.

○ 1차 자료와 2차 자료를 구분하거나, 단행본·논문·기타 자료 등으로 분류해서 작성할 수 있다. 대체로 국내 저작을 먼저, 외국 저작을 나중에 쓴다.
○ 각 자료는 저자명의 가나다 순, 알파벳 순으로 정렬한다.
○ 외국문헌의 저자는 각주에서와는 달리 〈성, 이름〉 순으로 쓴다.
○ 동일 저자의 문헌을 여러 편 사용한 경우, 처음에만 저자명을 적고 나중에는 저자명 대신 줄표를 긋는다.

참고문헌 표기법은 내각주와 외각주에 따라 다르다.

외각주의 참고문헌 표기법은 각주 표기법을 준용하되, 면수를 삭제하고 연도 뒤에 마침표를 찍는다. 참고문헌의 종류에 따른 표기법은 다음과 같다.

책	저자, 『책 제목』, 출판사, 발행연도.
	왕은철, 『애도예찬』, 현대문학, 2012.
글	저자, 「글 제목」, 『출처책 제목』, 출판사(학회명), 발행연도.
	강진호, 「국가주의 규율과 '국어' 교과서」, 『현대문학의 연구』 32, 한국문학연구학회, 2007. 왕은철, 「애도를 거부하는 사랑」, 『애도예찬』, 현대문학, 2012.
학위 논문	저자, 「글 제목」, 학교명 학위종류, 발행연도.
	박수현, 「1970년대 한국 소설과 망탈리테」, 고려대 박사논문, 2011.
역서	저자, 『책 제목』, 번역자 역, 출판사, 발행연도.
	프란츠 파농, 『검은 피부, 하얀 가면』, 이석호 역, 인간사랑, 1998.
편서	편저자, 『책 제목』, 출판사, 발행연도.
	김성기 편, 『모더니티란 무엇인가』, 민음사, 1999.
저자 2~3인	저자·저자·저자, 『책 제목』, 출판사, 발행연도.
	김윤식·정호웅, 『한국소설사』, 문학동네, 2000.
저자 4인 이상	대표저자 외, 『책 제목』, 출판사, 출판연도.
	박완서 외, 『박완서 문학 앨범』, 웅진출판, 1992.

서양 책	저자 성, 저자 이름. *책 제목*. 출판사, 출판연도.
	Christopher, David. *British Culture ; An Introduction*. London and New York: Routledge, 1999.
서양 글	저자 성, 저자 이름. "글 제목". *책 제목*. 출판사, 출판연도.
	Hofstadter, Richard. "Abraham Lincoln and the Self-made Myth". *In The American Political Tradition and the Man Who Made It*. New York: Alfred A. Knopf, 1948.
인터넷 자료	저자, 「글 제목」, 『웹사이트/웹진 제목』, 제O호 혹은 게재 연월(웹사이트 주소, 인용 자료를 본 날짜).
	박수현, 「배 나오고 머리 벗겨진 남자를 좋아하는 그녀는…」, 『프레시안』, 2012.12.31. (https://member.pressian.com/article/article.asp?article_num=50121230194534&section=04, 2013.10.16.).

내각주의 참고문헌 표기법은 발행연도를 저자 뒤의 괄호 안에 쓰는 점에서 외각주와 다르다.

책	저자(발행연도), 『책 제목』, 출판사.
글	저자(발행연도), 「글 제목」, 『출처책 제목』, 출판사(학회명).

예시 왕은철(2012), 『애도예찬』, 현대문학.

강진호(2007), 「국가주의 규율과 '국어' 교과서」, 『현대문학의 연구』 32, 한국문학연구학회.

〈참고문헌 표기 사례〉

외각주 | **[참고문헌]**

1. 기본 자료

　　김주영, 『여자를 찾습니다』, 한진출판사, 1975.

　　＿＿＿, 『여름사냥』, 영풍문화사, 1976.

　　전상국, 『바람난 마을』, 창작문화사, 1977.

　　＿＿＿, 『하늘 아래 그 자리』, 문학과지성사, 1979.

2. 논문

　　김원규, 「1970년대 소설의 하층 여성 재현 정치학」, 연세대 박사논문, 2010.

　　김은실, 「민족 담론과 여성－문화, 권력, 주체에 관한 비판적 읽기를 위하여」, 『한
　　　　국여성학』 10, 한국여성학회, 1994.

　　오창은, 「도시의 불안과 여성하위주체－1970년대 '식모' 형상화 소설을 중심으로」,
　　　　『현대소설연구』 52, 한국현대소설학회, 2013.

3. 단행본

　　서동욱, 『차이와 타자』, 문학과지성사, 2008.

　　르네 지라르, 『폭력과 성스러움』, 김진식·박무호 역, 민음사, 2000.

내각주 | **[참고문헌]**

1. 기본 자료

　　김윤식 외(2014), 『고등학교 문학』, 천재교육.

2. 논문

　　김민아(2014), 「문학 과목의 자아 성찰 교육 내용 연구－고등학교 문학 교과서의
　　　　제재와 학습 활동 분석을 중심으로」, 이화여대 석사논문.

　　김창원(2006), 「문학교육의 성격과 문학 교과서의 지향－제7차 고등학교 「문학」
　　　　교과서의 점검과 논의」, 『국어교육학연구』 27, 국어교육학회.

　　최미숙(2000), 「국어 교과서 제재 선정 및 수정 방안 연구－문학 제재를 중심으로」,
　　　　『독서연구』 5, 한국독서학회.

3. 단행본

　　김대행 외(2013), 『문학교육원론』, 서울대학교 출판문화원.

연/습/문/제

1 관심 있는 주제에 관해 자료를 찾고, 살펴 본 자료를 모두 취합하여 참고문헌을 작성해 보자.

2 자료 하나를 정해서 각각 긴 직접 인용문, 짧은 직접 인용문, 간접 인용문을 작성하고 각주를 표기해 보자.

3 두 편 이상의 자료에서 여러 번 인용하고 각주를 표기하되, 약식 주석을 적절히 활용해 보자.

제 6 장
정서 표현의 글쓰기

정서 표현의 글은 개인의 체험을 바탕으로 한다.

정보 전달이나 설득을 위한 글과 달리 개인의 체험과 정서를 토대로 허구적 장치를 활용한 문학적 성격이 강한 글이다. 그러나 '대학 글쓰기'의 목표는 문학작품 창작에 있는 것이 아니기에 개인의 체험을 사실적으로 전달하고 그에 대한 느낌이나 감정을 진솔하게 표현하는데 주안점을 둔다. 일상에서 얻게 된 생각이나 느낌 등을 과장이나 왜곡 없이 진정성 있게 표현하는 방법에 대해 생각해보자.

정서 표현의 글쓰기에는 시, 수필, 자서전, 영상물, 비평문 등이 있다. 정서를 표현한다는 것은 "나의 체험"에 대한 자기 표현적 글쓰기이다. 따라서 정서 표현의 글쓰기는 글쓴이의 진솔한 마음을 드러난 진정성 있는 의사소통의 하나라고 할 수 있다.

1. 자기표현 그리고 상상력

정서 표현의 글을 왜 쓰는가?

여러 이유가 있겠지만 정서표현의 글은 기본적으로 자아발견 또는 자기구원에의 길을 찾기에 목적을 둔다. 글을 통해서 참된 자아를 발견하고 실천하며, 궁극적으로 자기를 구원하는 길로 나아가고자 한다. 이러한 일들은 자기극복의 과정을 보여주는 일이다.

죽는 날까지 하늘을 우러러

한 점 부끄럼이 없기를

잎새에 이는 바람에도

나는 괴로워했다.

별을 노래하는 마음으로

모든 죽어가는 것을 사랑해야지

그리고 나한테 주어진 길을

걸어야겠다.

오늘 밤에도 별이 바람에 스치운다.

– 출처 : 윤동주, 「서시」

이 시는 개인의 삶에서 시작되어 사회·역사적 삶의 지평으로 열려 가는 길을 열고 있다. 이 시는 시대를 초월해서 오늘날의 사회현실에서도 참된 인간의 길이란 무엇인가를 제시한다. 이 시에서 우리는 부끄러움을 아는 일, 진정으로 괴로움을 아는 마음, 자기 운명을 사랑하는 길을 찾을 수 있지 않은가?

그럼에도 불구하고 대부분의 대학생들은 이러한 자기표현의 글쓰기를 두려워한다. 그 까닭은 초·중등학교 교육에서 학생들의 본성을 눌러놓고 과제 또는 입시를 위한 획일적인 글쓰기를 가르쳐 왔기 때문이다. 대개의 학생들은 어른들의 사고로 짜 맞춘 글을 익히고 베껴왔다. 이러한 글쓰기 교육은 글쓰기가 참 인간을 키워 나가는 창조적 과정이라는 점을 간과한 결과다. 그래서 학생들은 삶의 체험을 정리하고 새로운 생각을 만들어 나가는 창조의 과정인 글쓰기가 두려운 것이다. 창조적 기쁨 맛보려면 자신의 체험, 그때 그 순간의 생생한 감흥을 불러일으키는 감동 있는 글을 써야 한다.

특히 정서 표현의 글쓰기가 괴로우면서도 기쁜 것은 바로 이 창조성 때문이다. 그런데 사람들은 왜 괴로운 글쓰기를 할까? 글이란 사람의 사상과 감정을 언어기호로 기록한 것이다. 사람은 마음속에 품은 생각이나 느낌을 남에게 알리고 또한 전하고 싶은 욕구를 가지고 있다. 그래서 사람들은 한편 자신의 감각이나 정서의 상태, 생각의 내용을 구체적으로 모습을 갖추어 제시하고 싶어 한다.

정서 표현의 글은 체험을 바탕으로 한다. 의식 작용을 통한 감동적인 체험을 언어를 통하여 질서화 하는 것이 곧 체험의 글이다. 진실한 체험이 효과적인 문장으로 표현되었을 때 감동이 생긴다. 사고를 통해 체험에 새로운 질서가 주어지고 심미적인 눈에 의해 다듬어지면서 본격적인 표현의 글이 된다. 문학 작품이 아니더라도 풍부한 인생 체험이 뒷받침될 때 좋은 글을 쓸 수 있다. 대개, 좋은 글에는 인생의 진실한 체험과 사색의 무게가 실려 있다. 화려한 수식어가 없어도 체험의 글이 감동을 불러일으키는 것은 체험이 주는 진실성 때문이다. 즉, 진실성 있는 체험이야말로 글의 생명력을 지닌다.

		사고	문자로 질서화	
		⇓	↓	
체험	⇨	의식 작용 (특수 체험화)	⇨	문장(생명력 있는 글)
		⇧		
		심미적인 눈		

정서 표현의 글을 잘 쓰기 위해서는 글쓰기가 어렵고 부담스럽다는 심리적 두려움부터 극복해야 한다. 지그프리트 렌츠 〈독일어 시간〉에 "그들은 나에게 글을 쓰라는 벌을 내렸다."는 구절이 있다. 그러나 글쓰기는 마지못해 원고지를 메우는 강제 노동이 아니다. 감동이 될 수 있는 것을 자기의 말로 토해내듯, 삶이 묻어나는, 진실한 마음이 나타나는 것, 눈물이 핑 돌 만큼 마음에 찡하게 울려오는 것을 그냥 부담 없이 써보자. 자신의 삶 속에서 가장 깊이 느낀 것, 말하지 않고는 못 견딜 일 등을 그때 그 일을 생생하게 되살려 내 보자. 자신의 삶 속에서 나오는 말투로 솔직하게 써보자. 즐거운 자기표현을 위해서 다음 몇 가지에 주목하자.

첫째, 글쓰기는 즐겁게, 자발적으로 쓰자. 늘 즐거운 마음으로 자신의 내면에 샘솟는 생각과 느낌을 표현하고 싶어 못 견딜 때 쓰자. 깊은 밤, 잠이 안 오고 누군가와 밤새 나누고 싶은 이야기, 털어놓고 하고 싶은 가슴에 묻어 두었던 이야기를 써보자.

둘째, 쓰고 싶은 것을 쓰자. 즐거운 기분을 만끽할 수 있는 것 즉 자신의 표현 욕구를 충족시키는 즐거운 일에 대하여 쓰자. 재미있는 책이나 영화를 보았던 이야기, 아련한 어린 시절의 가슴 흐뭇한 이야기를 써보자.

셋째, 사물을 파고들자. 사물, 사건, 자연 등 존재하는 것들의 내면 깊숙이 파고들어라. 만나는 사물을 보고, 느끼고, 생각하고 사물에 지속적인 관심을 가져라. 꽃의 숨소리, 움트는 나뭇잎의 아픔, 폭포의 절규, 사찰의 종소리, 전깃줄에 목을 감고 우는 바람 소리 등에 귀기우려 보자.

넷째, 인간에 대한 뜨거운 관심을 갖자. 열린 가슴으로 기쁨을 진정으로 느끼고, 세상의 아픔을 진정으로 아파하라. 어두운 이웃에 뜨거운 가슴을 열고 다가가 보자.

> 연탄재 함부로 차지 마라
> 너는
> 누구에게 한 번이라도 뜨거운 사람이었느냐
>
> — 출처 : 안도현, 「너에게 묻는다」 부분

다섯째, 사물이 되라. 겨울나무, 허리 꺾인 들꽃, 날개 부러진 새, 시린 아픔을 물고 있는 별, 뒹구는 돌, 밟힌 민들레가 돼보자.

정서 표현의 글쓰기를 통해 창조적 삶의 기쁨을 가지려면 창조적 상상력을 길러야 한다. 정서 표현의 글은 창조적 상상력에서 출발한다. 창조적 발상은 무언가 새로운 생각을 해 내고, 때로는 엉뚱하고 기발한 생각을 해 내는 힘이다. 문학이나 예술의 창조의 근원은 바로 상상력에 있다. 창작된 문학은 사람과 세상에 대한 상상력과 통찰로 가득 찬 찬연히 빛나는 인류의 보고다. 문학적 상상력은 근원적인 생각을 모든 삶에 적용하기 때문에 풍성한 이야기를 생산해 낸다. 문학 자체가 이야기이고, 엄청나게 농축된 상상력의 산물이다.

창조적 상상력을 기르기 위해서 고정관념을 깨뜨리고, 사물의 양면성을 살피는 노력과 어떤 문제에 대한 원인을 파악하고 다양한 해결책을 제시는 확산적 사고가 필요하다. 창조성을 방해 요인은 습관, 고정관념화, 문제해결에 지나친 집착, 실수나 모험에의 두려움, 과도한 열정, 협소한 관점에서 문제 보기, 금기 사항 등이다.

창조적 상상력을 기르기 위해서는 논리의 한계를 뛰어넘어 자신의 감각을 모두 열어 놓은 채, 늘 생각하는 습관 들여야 한다. 기존 사고의 벽을 깨기 위해서는 유연한 발상이 필요하다. 유연한 발상은 자료를 찾고, 메모하고, 정리하고, 스크랩하고 그리고 고민하는 데서 비롯된다. 또한 창조적 상상력은 사물, 사건 등에 대한 치밀한 관찰을 통해 증진시킬 수 있다. 글 쓰는 이가 스스로 대상에 대해서 '왜', '무엇인데', '어떻게 해서', '따라서' 등의 질문을 하고 그에 답하면서 차근차근 생각해 봄으로써 깊이 있는 사고를 할 수 있다.

또한 독서를 통해 사고력을 기르는 것도 좋은 방법이다. 이미 정평이 나있는 좋은 책들을 많이 읽어야 한다. 글쓰기 능력은 독서량에 비례한다고 해도 과언이 아니다. 독서를 통해 인간의 삶이나 사회 현상 등을 투시하는 혜안을 기르고, 지식이나 정보를 얻을 수 있는 동시에 창의적이고 치밀한 사고를 하게 된다. 창의력은 독창성, 유연성, 유창성, 정교성, 재구성, 민감성 등이 구성 요인이다. 독서는 스스로 읽음으로 폭넓은 지식을 축적하고, 지적 유연성과 독창성을 배양하며, 분석, 종합, 논리적 사고를 길러 정교성, 재구성, 민감성 등을 형성한다. 예를 들어 훌륭한 시인이 되기 위해서는 적어도 하루에 시집 한 권씩은 읽어야 한다. 훌륭한 시인은 천재성보다 훌륭한 시를 쓸 수 있을 때까지 좋은 시를 수없이 읽고 모작하는 가운데 창의력이 생겨 자기의 독특한 시 세계를 구축하게 된다.

2. 감성과 공감의 언어 표현

(1) 정서의 언어 표현

일상어는 대상을 지시하거나 뜻을 명확하게 드러내는데 기능이 있다. 따라서 단순히 외부적 사물을 지시하거나 어떤 사상을 전달하는데 사용된다. 문학 언의의 대부분인 정서 표현의 언어는 자신의 창조적 세계를 드러내기 위해 작품의 내부구조 속에 재구성된 언어다. 이러한 정서 표현의 언어는 일상 언어를 사용하지만, 글 문맥 안에 놓였을 때는 그 언어의 의미가 작품 전체의 유기적 관계 속에서 전혀 새로운 의미로 변형된다.

첫째, 함축적 언어로 표현하자. 사전에 정의된 기본 의미(사전적 의미)는 고정된 의미여서 그 자체만으로는 뜻이 없고, 문맥 안에서라야 비로소 의의가 드러난다. 낱말의 의미는 지시적 의미와 함축적 의미로 나뉜다. 지시적 의미(개념적 의미)는 사회적으로 공인된 비개인적인 것으로 모든 사람에게 같은 뜻으로 파악되는 것이다. 함축적 의미는 지시적 의미에 덧붙어 다니는 연상을 말한다. 정서 표현의 언어는 주로 함축적 언어를 사용한다. "이슬 젖은 눈망울"이라는 문맥에서 '이슬'의 사전적 의미는 '공기 중의 수증기가 기온이 내려가거나 찬 문체에 부딪힐 때 생기는 물방울'이지만 문맥의 의미는 '눈물'이다. 그러나 함축적 의미는 '애잔한 슬픔'을 의미한다.

> 구름에 달 가듯이
> 가는 나그네
>
> – 출처 : 박목월, 「나그네」 부분

이 시에서 '나그네'를 '여행자'로 바꿔보자. 그러면 아마도 원래 이 시가 가지고 있던 연상 심리에 의해 재생되는 함축적 의미와 거리가 멀어질 것이다.

둘째, 구체어로 표현하자. 구체어는 일정한 대상이나 행동을 지시하는 낱말이다. 추상어는 일정한 대상에 대해 질이나 성격을 나타낸다. 정서 표현의 글은 구체어로 써야 생동감을 준다. '뜨겁다, 보드랍다, 착하다, 곱다' 등은 추상어다. 또한 지식, 사상, 정서, 느낌 등과 같은 낱말을 관념어라고 하는데 이도 정서 표현의 글을 쓸 때 피하는 것이 좋다. 다음 문장에서 구체적 언어를 사용함으로써 얼마나 생동감을 주는지 살펴보자.

> 보름을 갓 지난 달은 부드러운 빛을 흐뭇이 흘리고 있다. 달은 지금 산허리에 걸려있다. 콩포기와 옥수수 잎새가 한층 달에 푸르게 젖었다. 산허리는 온통 메밀밭이어서 피기 시작한 꽃이 달빛에 숨이 막힐 지경이다. 방울소리가 딸랑딸랑 메밀밭께로 흘러간다.
>
> – 출처 : 이효석, 「메밀꽃 필 무렵」 부분

셋째, 아름다운 우리말 찾아 쓰자. 정서 표현의 글을 쓸 때, 어휘 면에서 외래어 및 외국어 남용과 어려운 한자어의 지나친 사용은 피해야 한다. 요즈음 밖에서 들어온 남의 나라말을 제 나라 말인 줄 알고 그릇 사용하거나, 혹은 외국어투임을 알면서도 말하는 이의 유식함을 자랑이라도 하듯 사용하는 풍조가 점차 만연되고 있다. 물론 '말'이라는 것은 고정 불변의 것이 아니고 끊임없이 생성 변화하는 것이다. 또 그렇게 유동적인 만큼 통용되고 있는 그 상태를 인정해야 하는 것도 사실이다. 그렇기 때문에 몇 년 또는 몇 십 년에 한 번씩 표준어와 맞춤법이 바뀌는 것이다. 그러나 공연히 어렵게만 만드는 말, 우리 자신의 생각이나 삶에서 생겨났다기보다는 남의 나라 사람들의 감정이나 생활 체계를 추종하는 말, 따라서 고유하고 아름다운 우리말을 깨뜨리는 말 등은 가능한 한 쓰지 말아야 하지 않을까? 이런 점에서 우리에게는 우리글의 올바른 문장과 어휘를 선택하려는 진지한 고민이 있어야 한다. 일본어 · 일본식 외래어 · 일본식 한자어, 영어를 비롯한 외국어, 어려운 한자어를 쉽고 바른 우리말로 바꿔 쓰자. 다음 시에서 고유한 우리의 정서를 어떻게 표현했는지 살펴보자.

> 늦은 저녁 때 오는 눈발은 말집 호롱불 밑에 붐비다.
> 늦은 저녁 때 오는 눈발은 조랑말 발굽 밑에 붐비다.
> 늦은 저녁 때 오는 눈발은 여물 써는 소리에 붐비다.
> 늦은 저녁 때 오는 눈발은 변두리 빈터만 다니며 붐비다.
>
> – 출처 : 박용래, 「저녁 눈」 부분

넷째, 정서 표현의 글을 쓸 때 낯설게 표현해야 독창성이 돋보인다. 정서 표현 글의 생명은 표현된 언어의 새로움, 낯섦이 선행요건이다. 전봉건의 〈피아노〉라는 시의 "피아노에 앉은/ 여자의 두 손에서는/ 끊임없이/ 열 마리씩/ 스무 마리씩/ 신선한 물고기가/ 튀는 빛의 꼬리를 물고/ 쏟아진다./나는 바다로 가서/ 가장 신나게 시퍼런/ 파도의 칼날 하나를/ 집어들었다"는 표현에서 낯섦을 발견할 수 있다.

다음 '꽃'에 대한 표현에서 낯섦의 정도를 살펴보자.

(1) 모란은 화중왕이요, 향일화는 충효로다. 매화는 은일사요, 행화는 소인이요, 연화는 부녀요, 국화는 군자요.

– 출처 : 김수장

(2) 얼굴을 맞대고/ 깔깔 웃어대는 꽃들
   넋 잃고
   꽃 품에 안기면

– 출처 : 김경수, 「꽃과 여름과」 부분

(3) 미는 먼
   해와 달의 속삭임
   비밀한 울음

   한 번만의 어느 날의
   아픈 피 흘림

– 출처 : 박두진, 「꽃」 부분

(4) 나는 시방 위험한 짐승이다
   나의 손에 닿으면 너는
   미지의 까마득한 어둠이 된다

– 출처 : 김춘수, 「꽃을 위한 서시」 부분

다섯째, 은어, 속어, 비어, 유행어의 문장도 필요할 때가 있어도 상투어는 피하자. 창작에서는 토속적 인간형, 전통적 채취, 향수 등을 불러일으키기 위해 은어, 비어, 속어 등을 사용하기도 한다. 하지만 '비단결 같은 말씨', '장승 같이 서있다', '칠흑 같은 어둠', '백옥 같은 이' 등과 같이 상투어는 피하는 것이 좋다. 상투어는 빈번히 사용되어 신선한 느낌을 잃어버린 말이다. 정서 표현의 글에서는 이러한 말을 피해야 한다.

(2) 공감을 이끌어 내는 비유 표현

모든 글은 글쓴이의 영혼이 담겨 있다. 읽는다는 것은 쓴 사람의 영혼과 만나는 일이다. 좋은 정서 표현의 글을 쓰려면 영혼을 건강하고 아름답게, 그리고 풋풋하게 가꿔야 한다. 공감을 이끌어내는 생생한 글쓰기를 하려면 영혼을 담아 비유적 표현이 무엇보다도 주목된다.

비유란 주제를 더욱 효과적으로 전달하기 위한(도달하기 위한) 하나의 수단이자 장치다. 비유는 글 쓰려는 내용이나 감정, 기분이 읽는 이에게 쉽게 전달되지 않을 때 사용한다. 읽는 이에게 나의 감정이나 기분을 더욱 잘 보여주기 위해 갖가지 비유를 사용한다. 글을 쓸 때 비유적 표현을 하는 것은 내가 느끼는 것들을 읽는 이의 가슴에 고스란히 옮겨주고 싶기 때문이다. 다음 시에서도 비유 표현으로 인해 시가 얼마나 생생한 표현이 되었는가를 알 수 있다.

> 청잣빛 하늘이
> 육모정 탑 위에 그린 듯이 곱고
> 연못 창포 잎에
> 여인네 맵시 위에
> 감미로운 첫여름이 흐른다.
>
> 라일락 숲에
> 내 젊은 꿈이 나비처럼 앉은 정오
> 계절의 여왕 오월의 푸른 여신 앞에
> 내가 웬일로 무색하고 외롭구나.
>
> – 출처 : 노천명, 「푸른 오월」 부분

글을 쓸 때 동원되는 여러 가지 비유를 살펴보고, 나타내려고 하는 대상이나 내용을 읽는 이가 알기 쉬운 다른 대상이나 내용에 빗대어 어떻게 더욱 구체적이고 생생하게 드러내는지 알아보자.

첫째, 직유와 은유법은 글맛을 돋우는 가장 흔히 사용하는 비유법이다. 직유법은 A사물(원관념–원래의 생각)을 나타내기 위해 B사물(보조관념–동원된 생각)의 비슷한 속성을 직접 이끌어내어 견준다. '–처럼, –듯이, –같이, –듯싶다, –마냥, –인냥' 등의 고리로 원관념과 보조관념을 연결(손을 잡아 안내해 주는)해 준다.

> 내 누님같이 생긴 꽃이여.
>
> — 출처 : 서정주, 「국화 옆에서」 부분
>
> 돌을 집어 던지면 개금알같이 오드득 깨어질 듯한 맑은 하늘. 물고기 등같이 푸르다.
>
> — 출처 : 이효석, 「산」 부분

둘째, 은유법은 "A는 바로 B이다"는 식으로 표현 속에 비유를 숨기는 기법이다. 원관념과 보조관념의 연결 고리를 생략한 모양새다.

> 낙엽은 폴란드 망명 정부의 지폐
>
> — 출처 : 김광균, 「추일서정」 부분

셋째, 상징법은 한 마디로 딱 꼬집어 말하기 어려운 감정이나 느낌을 그것과 가장 잘 어울릴 만한 구체적 사물에 빗대어 표현하는 것이다. 흔히 상징은 산문보다 시에서 더 많이 쓰인다. '빨간 장미처럼 정열적인 사랑'은 직유이고, '내 사랑 빨간 장미'가 은유라면 '장미'는 상징이 된다.

> 제주에서 광주로
> 광주에서 서울로
> 날고 또 날아 보아도 나는
> 내내 붙잡혀 있는 참새 한 마리일 뿐
>
> — 출처 : 한승원, 「새」 부분

넷째, 의인법은 사물의 모양새나 움직임, 추상적 관념을 사람의 동작처럼 나타내는 기법으로 활유법의 한 갈래이다.

> 풀이 눕는다.
> 바람보다 더 빨리 눕는다.
>
> — 출처 : 김수영, 「풀」 부분

> 지쳐 나자빠져 있다가
> 다급한 사연 듣고 달려간 바람이
> 흔들어 깨우면
> 눈 부비며 너는 더디게 온다.　　　　　　　　　　　　– 출처 : 이성부, 「봄」 부분

　다섯째, 활유법 은유법의 일종으로 무생물을 생물로, 비정물을 유정물로 나타내는 기법이다. 즉 이는 죽어 있는 것에 생명을 불어넣는 비유법이다.

> 목마른 대지
> 잠자는 바다
> 으르렁거리는 파도

　여섯째, 알레고리(풍유법)는 은연중 다른 사물을 가리키면서 다만 비기는 낱말만 내세워, 숨은 뜻을 읽는 이가 알아내도록 독립된 문장이나 이야기 형태를 취하는 기법이다. 이는 사람들의 잘못을 빗대어 꼬집는 비유법이다.

> 동학년 곰나루의 그 아우성만 살고
> 껍데기는 가라　　　　　　　　　　　– 출처 : 신동엽, 「껍데기는 가라」 부분

　일곱째, 반어법(아이러니)은 참뜻과 반대되는 말을 함으로써 관심을 이끄는 기법이다. 여기에는 상대방을 비꼬아서 말하려는 의미를 한층 더 강조하는 익살, 유머, 해학이 담겨 있다. 지리하고 건조한 글에 재미를 더하기 위해 이야기의 끝에 반전을 일으키기도 한다.

> 나 보기가 역겨워 가실 때에는 죽어도 아니 눈물 흘리오리다
> 　　　　　　　　　　　　　　　– 출처 : 김소월, 「진달래꽃」 부분

　그 외에도 문법이나 논리상 말의 순서를 뒤집어 놓는 기법으로 감정의 변화를 주는 도치법, 표현하려는 사물을 소리, 동작, 상태, 의미를 음성으로 나타내고 또는 그것을 연상하도록 표현하는 의성법, 사물의 형태를 그대로 나타내어 그 느낌이나 특징을 묘사하는 의태법, 기쁨, 노여움, 슬픔, 즐거움, 사랑, 증오, 욕망 등의 직접적인 표현 기법인 영탄법, 뻔한 결론을 일단의 과제로 놔둔 채, 의문형식으로 표현하는 설의법 등이 있다.

1 다음 단어(원관념)에 대해 다양한 비유 방법을 동원하여 보조관념 3개씩 적으시오.

산

강

별

새

안개

섬

고갯길

들꽃

3. 쓸거리 찾기, 제목 정하기

생명이 있고 감동을 줄 수 있고 살아있는 글쓰기를 위해서는 무엇보다도 자기만이 쓸 수 있는 쓸거리를 찾아야 한다. 글의 소재는 글의 으뜸 되는 재료로서, 글 쓰는 이의 안목에 비친 대상이다. 그 대상은 자연물, 사회 환경, 인물의 행동, 감정, 신의 문제 등이 모두 포함될 수 있다. 제재는 소재인 대상이 지닌 속성 중 글 쓰는 이가 선택한 것, 또는 화제다. 이는 실제 작품 구상의 경우, 단일, 복합, 부가 제제로 내용 구성에 기본이 된다. 주제는 제재에 의미부여 내지 가치 판단(인생해석)을 내려 글의 동기 및 통일적인 기본 이념으로 삼은 것이다. 즉 주제는 핵심 의미 내지 중심 사상으로 도덕적 명제, 철학적 개념, 현실적 변용, 자연에의 대응 등이다. 소재 또는 제재로서 쓸거리는 '무엇을 가지고 어떻게 쓸까?'라고 할 때 '무엇'에 해당하는 것이다. 쓸거리 찾기에 글쓰기의 성패가 달려 있다. 소재를 잘 선택해야 주제가 제 모습으로 살아난다.

쓸거리 찾기의 조건은 무엇일까? 흔히 쓸거리 찾기가 어려운 까닭은 사물을 인식하는 능력이 모자라거나 깊이 있게 생각을 안 하기 때문이거나 관심이 없기 때문이다. 쓸거리 찾기의 가장 중요한 조건은 자신의 마음을 잘 담아낼 수 있는 가슴 뭉클하고 진솔한 쓸거리 찾기다. 쓸거리를 찾기 위해서는 등과 같은 조건을 고려할 필요가 있다.

주관적 조건	① 삶에서 강한 인상을 받은 것.
	② 글을 써 보이고 싶은 것.
	③ 그것을 씀으로써 만족할 수 있는 것.
객관적 조건	① 글감이 사회성을 가질 것(두 사람 이상의 이야기 거리가 될 수 있는 것).
	② 읽는 이에게 적극적인 영향을 주는 것.
	③ 인격과 집단에 대해 올바른 삶의 관점을 보여 주는 것.

쓸거리 찾기에서 피해야 할 것은 주제와 동떨어진 허황한 것, 자기도 잘 알지 못하는 겉보기에 번지르르한 것, 지나치게 상투적인 것 등이다.

쓸거리는 어떤 방법으로 찾기면 좋을까? 일상적으로 보고, 듣고, 겪고, 느낀 주위의 예사로운 일에 대하여 예리하게 관찰하는 것이 필요하다. 쓸거리가 떠오르면 꿈꾸다가도 일어나 기록하는 습관을 가지는 것도 좋다. 관심 대상에 대해서 깊이 생각하고, 대상에 대해서 스스로 질문하고 답을 차근차근 생각해보자. 쓸거리 고르기는 한정된 범주에서 구체적이고 인상적인 내용을 소재로 찾는 것이 좋다.

한편, 정서 표현의 글을 쓸 때 제목 달기도 중요하다. 어떤 책을 살까 정하지 않은 채 서점에 가서 시집이나 소설책을 살 때 우리는 흔히 시집이나 소설의 제목이 마음에 들어야 산다. 제목을 붙이는 방법이 정해져 있는 것은 아니다. 시, 소설, 희곡, 수필 등 문예문의 경우에는 특정한 제목에 얽매이지 않고 제목을 붙이고 있다. 그러나 정서 표현 글의 제목은 참신하고 인상적이며, 이해하기 쉽고 정확하며 선명한 것이 좋다. 구체적인 글의 소재나 내용을 노출시키지 않고 정조(mood)나 어조(tone) 등 암시하는 제목을 달기도 한다. 형식주의자들이 내세운 '낯설게 하기(defamiliarization)'를 제목 설정에 활용할 때, 참신한 인상을 줄 수 있다.

시, 시조의 제목은 주로 소재인 경우가 많다. 소설은 소재로 된 것, 제재, 주제로 된 것, 이미지나 상징으로 된 것이 대부분이다. 희곡의 경우엔 소설과 크게 다르지 않으나, 이미지나 상징을 부려 쓴 제목이 많다. 수필의 경우엔 대부분이 소재와 제재를 수필의 제목으로 삼는 경우가 대부분이다.

제목의 형태 단어, 어구, 문장 등의 형태로 붙인다. 「꽃」(박두진), 「윤사월」(박목월), 「비」(이영도), 「언니」(정정희), 「소나기」(김유정), 「어머니」(염상섭), 「개구리」(한하운), 「미풍」(하유상), 「농토」(윤조병), 「피아노」(전봉건) 등은 단어로 된 제목이다. 「삼국의 혼」(김정산), 「바닷가 마지막 집」(전경린), 「나의 유년시절」(강경애), 「잊을 수 없는 눈빛 하나」(유안진), 「한국인의 행복」(최신해), 「아름다운 이야기」(서정범), 「꽃을 위한 서시」(김춘수) 등은 어구로 된 제목이다. 「추락하는 것은 날개가 있다」(이문열), 「그대 아직도 꿈꾸고 있는가」(박완서 소설), 「행복은 성적순이 아니잖아요」(임정진 소설), 「보여줄 수 있는 사랑은 아주 작습니다」(정은하 시집), 「한 가지만 똑 부러지면 되는 거요」(송자 자서 에세이) 등은 문장으로 된 제목이다.

연/습/문/제

1 다음 소재로 글을 쓴다고 가정하여 다음 단어에서 제재(사물이 가지고 있는 속성)를 찾
   아보자.

   산 _____

   꽃 _____

   강 _____

   별 _____

   새 _____

   안개 _____

   길 _____

   섬 _____

2 지금까지 읽었던 글 중에서 기억에 남는 제목을 적어보자.

   _____

   _____

   _____

   _____

   _____

4. 공감적 정서 표현의 전략

(1) 글 틀 짜기와 생생하게 풀어내기

글쓰기 전에 해야 할 일은 그 때 그 일을 생생하게 되살려내고 그 순간의 감흥 찾아내야 한다. 그런 후에 그것을 짜임새 있는 이야기로 꾸며야 한다. 이처럼 실제 글쓰기에서 해야 할 일의 첫째는 글 틀 짜기다. 아무리 내용이 좋아도 제대로 짜임이 없으면 주제를 전달하기 힘들다. 글은 주제를 잘 드러내기 위해서 의미 있게 엮어 놓아야 한다. 글 틀은 기본적으로 통일성(unity), 연결성(coherence), 강조성(emphasis) 등을 갖추어야 한다. 통일성은 모든 문장이 주제와 내용적으로 일치해야 하는 것을 말하며, 연결성은 통일성의 원리에 따라 선택된 문장들이 적당한 자리에 배열되고 앞뒤가 맞게 적합한 곳에 자리 잡고 있는 체계성을 말한다. 강조성은 분량, 표현 기교에 의한 방식으로 주제문을 앞뒤로 되풀이하거나 눈에 잘 띄는 위치에 놓는 방식이다.

글 틀을 짰으면 자기 삶을 이야기로 생생하게 풀어낸다. 귀로 들은 대로 생생하게 되살려 쓴다. 대화 글로 적어도 좋다. 대화 글은 말을 주고받는 사람의 형편이나 생각, 감정이 가장 솔직하게 배어 있다. 눈으로 보고 그림을 그리듯이 이야기로 그린다. 우리 몸의 다섯 가지 감각과 마음의 움직임을 잘 붙잡는다. 글 틀 짜기가 끝나면 글을 쓰게 된다. 처음 글을 쓸 때는 너무 완벽하게 쓰려고 할 필요는 없다. 하지만 글을 쓰는 과정에서 글의 흐름이 빗나가지 않는가, 문장 하나하나 문법에 맞고 군더더기는 없는가를 염두에 두어야 한다.

(2) 글의 첫머리와 마무리 쓰기

잘 쓴 글, 못 쓴 글은 서두에서 판가름 난다. 화가 고흐는 화폭에 그려야 할 '무엇'이 깃들지 전에는 붓을 들지 않았다고 한다. 글의 첫머리는 독자에게 어떻게 흥미를 유발시키고 매력을 갖게 할 것인가를 고려해서 써야 한다. 어떻게 하면 독자의 주의를 끌 수 있고, 읽힐 수 있을까 고려해서 쓴다. 첫 문장은 길게 쓰지 말고 가능한 한 짧게 끊어 쓰는 것이 좋다. 대부분 글의 시작은 '나'와 관계로 출발하여 이야기의 실마리를 풀어낸다. 글쓰기 첫머리는 대개 ① 사실의 어떠함을 직접 진술, ② 솔직한 자기 고백적으로 기술, ③ 짧고 참신한 관련어구 인용, 그 외에도 극적 사건 제시, 일반인에게 널리 전해지지 않은 이야기(逸話) 제시, 본문이나 주제와 관계있는 한 단면의 이야기(episode) 제시, 사람의 눈을 끄는 어구, 유추나 비유 등으로 시작한다.

글의 마무리 쓰기는 줄곧 달려가야 하는 골인 지점이다. 글의 첫머리가 독자에게 흥미를 느끼고, 관심을 끌게 해야 한다면, 마무리에서는 필자가 글에서 의도하던 바를 명쾌하게 인식시키도록 해야 한다. 글쓰기 전에 먼저 골인 지점을 머릿속에 담고 있어야 하며 모든 이야기는 결말을 향해 몰고 가야 한다. 결말은 서두와 긴밀한 연관을 가져야 한다. 결말은 죽어가는 사람의 유언과도 같다. 죽음 맞기 전에 무엇을 어떻게 이룩해야 하고, 죽은 다음에 무엇을 남겨야 하며, 마지막에 무슨 말을 남길까 등의 유언처럼 아주 높고, 깊고 값진 것을 써야 한다. 그래야만 독자에게'우리 삶의 진실'을 들려줄 수 있다. 대개 결말 부분에서 삶의 진리를 말하거나 주제화 하는 일반적 진술로 끝맺는 경우가 많다. 일반적 진술이나 요약적 제시 없이 여운의 분위기로 끝맺는 경우가 더 좋을 때도 있다. 글의 정점에서 끝내고 마무리 짓는 결말 처리는 읽는 사람의 상상력에 자극하고 깊은 인상을 남길 수 있다. 글의 끝에 마무리로서 필자의 인품이나 인생관을 드러낼 수 있는 감상을 쓰는 방법도 있다. 마지막 부분에서 독자들이 예상치 못했던 방향으로 이야기를 뒤집는 묘미도 있다.이 때는 복선이 있어야 한다. 그 외에도 서두의 내용과 결말의 내용을 서로 일관성을 유지하기 위해 서로 대응시키면서 끝맺는 경우, 짧은 어구 속에 교훈을 담고 있는 격언이나 유명한 인물이 남긴 명언으로 결말을 맺는 것도 효과적인 방법이다.

글이 마무리 되면 글 고쳐 쓰기를 해야 한다. 글 잘 쓰는 천재들의 거짓말을 믿지 마라. 글은 다듬을수록 빛난다. 절망하며 글을 쓴 뒤, 희망을 가지고 고친다. 다 쓴 글을 다시 차근차근 읽어보면서 모자라는 곳은 더 보태고 틀린 곳은 고치고, 필요 없는 곳은 줄여 사실과 생각을 충실히, 정확하게 나타내게 한다. 글을 고치고 다듬는 것을 퇴고라고 한다. 이 퇴고를 통하여 애초에 설정하였던 주제와 실제 작성된 원고 사이의 차이를 발견하여 그것을 보완함으로써 최초의 주제가 일관되고도 명확하게 드러난 글로 만드는 것이다.

(3) 그 순간의 감동 되살리는 시적 표현

그 때 그 순간의 감동 되살리는 시적 표현을 위해서는 첫째로 시상 잡기와 감정 표현하기를 해야 한다. 시의 씨앗은 주변의 사물을 시적 대상으로 인식하는 데서 싹튼다. 시적 표현의 원리는 낯설게하기다. 낯설게하기는 시적 진실 표명의 수단이다. 시적 표현을 위해서는 사물을 기존 관념으로부터 분리시켜 낯설게 보이기를 해야 한다. 상식의 벽을 허

물고 자기 내부에 도사리고 있는 모든 선입감을 쫓아내야 한다. 시적 발상의 원리로써'삐딱하게' 바라보기는 하나의 사물 접근법으로 사물의 본질을 더욱 확실하게 파악하려는 노력이며, 사물의 본질을 꿰뚫어 보기다. 그리고 자기 가슴 깊숙이 자리 잡은 감정을 당당하게 표현해야 한다. 무엇인가 표현하지 않으면 안 될 것 같은 간절한 욕망을 쏟아 내자. 슬픔, 기쁨, 노여움, 욕망, 억울함, 답답함 등 축적된 정서 풀어낸다. 자신 내부에 숨어 있는 감정의 찌꺼기들을 솔직하게 드러낼 필요가 있다. 자신의 축적된 정서를 표현할 때는 상상력의 확장이 필요하다. 낮에도 꿈을 꿀 수 있는 여유로 상상할 수 있는 모든 것이 시적으로 표현 가능하다는 확신을 가진다.

둘째로 시적 이미지를 만들어 보자. 문학에서는 이미지는 주로 신체적 지각, 기억, 공상, 상상, 꿈, 열병 등에 의해 만들어져 비유 등 수사적 기법으로 표현된 것으로 곧 '언어로 만들어진 그림'을 뜻한다. 이미지란 경험 사실의 감각화 또는 육화(肉化)이다. 시인은 전달하고 싶은 관념이나 실제경험 또는 상상적 체험들을 미학적으로 그리고 호소력 있는 형태로 형상화시킬 수 있는 수단을 찾는다. 다음 시각적 이미지가 두드러진 시를 읽어보자.

머언 산 청운사(靑雲寺)
낡은 기와집

산은 자하산(紫霞山)
봄눈 녹으면

느릅나무
속잎 피어나는 열두 굽이를

청노루
맑은 눈에

도는
구름

— 출처 : 박목월, 「청노루」

이미지를 만들어내는 작용은 상상력(imagination)이다. 상상의 초보단계는 과거에 보고 듣고 겪었던 사물의 이미지를 마음속에서 다시 생각해내는 일이다. 상상의 더 높은 단계가 '창조적 상상'인데 서로 다르거나 관계가 먼 여러 가지 이미지들을 선택하여 거기에서 어떤 유사점을 찾아내 결합함으로써 원래의 모습이나 의미 그대로가 아닌 새로운 이미지들의 통일체를 만들어내는 것이다. 사물시 곧 시적 풍경화라고 하더라도 단순한 정밀묘사가 아니라 '어떤 풍경을 바라보면서 시인의 마음속에 생기는 갖가지 연상들의 집합'일 때 성공한다. '시는 정서의 표현'이라는 명제를 받아들일 때 우리가 쓰는 시는 넓은 의미에서 사실 모두 관념시가 된다. 사물시도 순수하게 사물의 객관적인 스케치로만 이루지는 시는 없다.

셋째로 시적 비유를 만들어 보자. 비유의 방법은 원관념에서 보조관념으로 의미론적 이동이다. 다음 시에서 '꽃'이라는 원관념을 보조관념으로 어떻게 의미론적 이동을 하는지 살펴보자.

이는 먼
해와 달의 속삭임

비밀한 울음
한 번만의 어느 날의
아픈 피 흘림

먼 별에서 별에로의 길섭 위에 떨어진

다시는 못 돌이킬
엇갈림의 핏방울

꺼질 듯 보드라운
황홀한 한 떨기의
아름다운 정적

펼치면 일렁이는
사랑의 湖心아.

— 출처 : 박두진, 「꽃」

이 시에서 원관념인 '꽃'은 이 시에서 중요한 개념이지만 실체가 무엇인지 알 수 없다. 그래서 이 원관념을 '속삭임', '비밀한 울음', '아픈 피흘림', '핏방울', '아름다운 정적', ' 사랑의 湖心' 등 잘 알려진 동일성을 지닌 보조관념으로 의미론적 이동을 한다.

그러나 현대시는 원관념과 보조관념의 동일성이 희박한 사물을 결합시켜 비유를 만들기도 한다.

> 사랑하는 나의 하나님 당신은
> 늙은 悲哀다.
> 푸줏간에 걸린 커다란 살점이다.
> 시인 릴케가 만난
> 슬라브 여자의 마음속에 갈앉은
> 놋쇠 항아리다.
> 손바닥에 못을 박아 죽일 수도 없고
> 죽지도 않는 나의 하나님.
> 당신은 또
> 대낮에도 옷을 벗는 어리디어린
> 純潔이다.
> 三月에
> 젊은 느릅나무 잎새에서 이는
> 연두빛 바람이다.
>
> – 출처 : 김춘수, 「나의 하나님」

이 시에서 원관념은 '하나님'이다. 이 원관념에 대한 동원된 보조관념은 '늙은 悲哀', '커다란 살점', '놋쇠 항아리', '어리디어린 純潔', '연두빛 바람' 등이다. 이 보조관념들은 '하나님'이라는 원관념과 유사성이 거의 없다. 유사성이 없는 원관념과 보조관념이 결합되면서 시적 언어는 더 긴장감(tension)을 가지게 된다.

넷째로 시의 상징과 알레고리 만들어 보자. 상징이란 근본적으로 사물과 더불어 사고하는 방법으로서, 정신세계가 물질에의 여러 대상과 대개 관념이고, 또 관념을 중시하지만 반드시 관념만 원관념이 되는 것은 아니다. 상징의 성격에는 동일성, 암시성, 다양성, 포괄성, 입체성, 함축성, 문맥성 등이 있다. 상징적 표현의 방법에는 크게 작품 전체가 하나의 상징을 이루는 경우와 어떤 상징적 시어가 의도적으로 쓰여 상징적 의미를 환기시키는 경우, 원형적 상징을 응용하는 경우로 나눌 수 있다. 여기서는 어떤 상징적 시어가 의도적으로 쓰여 상징적 의미를 환기시키는 경우를 보자.

눈은 살아 있다.
떨어진 눈은 살아 있다.
마당 위에 떨어진 눈은 살아 있다.

기침을 하자.
젊은 시인(詩人)이여 기침을 하자.
눈 위에 대고 기침을 하자.
눈더러 보라고 마음놓고 마음놓고
기침을 하자.

눈은 살아 있다.
죽음을 잊어버린 영혼(靈魂)과 육체(肉體)를 위하여
눈은 새벽이 지나도록 살아 있다.

기침을 하자.
젊은 시인(詩人)이여 기침을 하자.
눈을 바라보며
밤새도록 고인 가슴의 가래라도
마음껏 뱉자.

– 출처 : 김수영, 「눈」

이 시는 '눈'과 '기침' 속에 모든 의미가 함축되어 있다. '눈'은 살아 있는 순결한 생명력을 상징하고, '기침'은 더럽고 어두운 것을 버리는 행위를 상징한다. '눈'을 향하여 기침을 하는 것은 일상적 생활의 굴레 속에서 잃어버린 자신의 진정한 영혼과 육체를 되찾는 행위이다. 이 작품을 읽을 때 '눈'과 '기침'의 상징성이 우리의 가슴에 울림을 주고, 우리가 살고 있는 세계의 더러움과 속됨을 씻어 낼 수 있는 순결성을 추구하는 진정성을 깨닫게 한다.

다섯째로 시적 아이러니(irony)와 역설(paradox)을 만들어보자. 아이러니는 흔히 반어라고 번역된다. 이 말은 희랍어 '에이로네이아(eironeia)'를 어원으로 하는데, 이것은 '은폐'를 의미한다. 따라서 아이러니는 '숨기다, 은폐하다'라 는 어원을 갖는다. 말의 표면과 심층이 대립하는 아이러니는 세계와 삶을 해석하는 방법이고, 그 해석이 날카로울수록 아이러니의 양상은 다양하게 증폭될 수 있다. 아이러니를 진술하거나 또는 살펴보는 사람은 심리적으로 우월감, 해방감, 재미 등을 느낀다. 특히 상황 밖에서 또는 상황 위에서 세계와 삶을 내려다보는 사람은 날카롭게 아이러니를 즐기며 우쭐한 감정마저 갖게 될 것이다.

아이러닌가 겉보기에는 모순되지 않으나 실제에 있어서는 모순된 내용을 표현하는 수사법임에 비해, 역설(paradox)은 겉보기에는 모순되거나 불합리하지만 실체 의미상으로는 참된 진리를 내포하는 진술을 말한다. 인간의 존재론적 여러 모순을 다루는 문학 역시 역설을 즐겨 사용한다. 단순한 수사적 차원의 모순어법은 물론이고, 작품을 전체적으로 형상화하는 구조에서도 역설의 형식을 곧잘 사용하는 것이다. 다음 시의 5행과 9행에서의 역설적 표현을 알아보자.

님은 갔습니다. 아아, 사랑하는 나의 님은 갔습니다.
푸른 산빛을 깨치고 단풍나무 숲을 향하야 난 적은 길을 걸어서, 참어 떨치고 갔습니다.
황금(黃金)의 꽃같이 굳고 빛나든 옛 맹서(盟誓)는 차디찬 띠끌이 되어서 한숨의 미풍(微風)에 날어갔습니다.
날카로운 첫 키쓰의 추억(追憶)은 나의 운명(運命)의 지침(指針)을 돌려 놓고, 뒷걸음쳐서 사라졌습니다.
나는 향기로운 님의 말소리에 귀먹고, 꽃다운 님의 얼굴에 눈멀었습니다.
사랑도 사람의 일이라, 만날 때에 미리 떠날 것을 염려하고 경계하지 아니한 것은 아니지만, 이별은 뜻밖의 일이 되고, 놀란 가슴은 새로운 슬픔에 터집니다.
그러나 이별을 쓸데없는 눈물의 원천(源泉)을 만들고 마는 것은 스스로 사랑을 깨치는 것인 줄 아는 까닭에, 걷잡을 수 없는 슬픔의 힘을 옮겨서 새 희망(希望)의 정수박이에 들어부었습니다.
우리는 만날 때에 떠날 것을 염려하는 것과 같이, 떠날 때에 다시 만날 것을 믿습니다.
아아, 님은 갔지마는 나는 님을 보내지 아니하였습니다.
제 곡조를 못 이기는 사랑의 노래는 님의 침묵(沈默)을 휩싸고 돕니다.

– 출처 : 한용운, 「님의 침묵」(1926)

(4) 체험과 감동으로 자기 성찰의 산문 쓰기

대개 자기의 삶의 체험 기록이나 삶에 의미를 부여하는 글쓰기가 자기를 성찰하는 글이다. 즉 이는 자신의 삶과 존재에 관한 문제를 기초적인 데로부터 고민하고 반성하여 스스로 얻어낸 깨달음을 적는 글쓰다. 자기 성찰은 과거의 경험으로 돌아가 과거 속에서 일어난 일들을 관찰하는 것이다. 자기 성찰의 글쓰기를 통하여 불러온 과거의 경험과 현재의 관심이 자연스럽게 연결되며 미래를 전체적으로 조망할 수 있는 안목 획득하게 된다.

자기 성찰을 위한 글쓰기는 우선 일상을 섬세하게 관찰하여 의미 발견하여야 한다. 자기 성찰의 글을 쓸 때 '글을 쓰는 자아'와 '글을 쓰는 자아를 지켜보는 자아'로 분리하면 더 차분하게 반성적으로 관찰 가능하다. 또한 생활 경험 속에서 얻은 깨달음을 글로 구체화하여야 한다. 자신의 생각, 느낌을 과장하거나 화려하게 수식하기보다는 경험에서 얻은 의미를 구체화하면서 진솔하게 표현하는 것이 바람직하다. 체험과 감동으로 자기 성찰을 위한 글쓰기는 수필이나 기행문 쓰기가 적합하다.

첫째로 풍요로운 체험과 상상력, 예리한 통찰력과 감성, 뚜렷한 개성, 지식, 가치관, 인생에 대한 사랑 등을 살려 수필을 써보자.

수필은 자신이 보고 듣고 느낀 것을 자신의 삶 속에서 나오는 말투로 진솔하게 써야 한다. 산문을 쓸 때는 글 속에 빠져들어 행동, 모습, 표정, 주위환경, 이야기, 사실 따위를 정확하게, 자세히 쓰자. 이 때 평이한 언어로 소박성, 진실성이 드러나도록 쉬운 언어로 표현해야 한다.

그리고 글에 따라 어떤 문제에 대해 좀 더 깊이 생각해 보고 쓰자. 이때는 나와 내 주위의 삶을 같이 생각하고, 옳고 그른 것이 무엇인지 따져보고, 그에 따라 어떻게 하면 좋을까 생각하면서 쓴다. 꺼지지 않는 느낌의 불씨로 인생, 자연, 사물, 사회 등에 대한 관심과 뜨거운 애정을 가지고 있어야 감동 있는 글을 생산할 수 있다.

둘째로 현실의 짐을 훨훨 벗어던지고 떠나는 기행문을 써보자.

우리는 여행을 통하여 낯선 곳에서 느끼는 삶의 진실을 찾고 참다운 삶이 무엇인지 알아챈다. 여행지는 모두교실이며, 여행에서 만나는 들판, 산, 강, 구름, 바람, 햇살, 염소, 눈송이, 나무, 노동자, 거지들 등을 통하여 사색과 명상을 할 수 있다. 현실의 짐을 훨훨 떨치고 떠나는 여행은 낯선 곳에서의 신선한 감동 혹은 새로운 자기 찾기다. 기행문 쓰기를 통하여 자신의 모습을 대상으로 놓고 객관적으로 관찰할 수 있고, 여행을 통하여 느낀 것을 글로 정리함으로써 자아성찰의 계기를 얻기도 하며, 이는 사람들과 의사소통의 또 다른 길이 될 수 있다.

기행문은 일반적으로 여행하면서 보고, 듣고, 느끼고, 겪은 것을 적은 글로 여행 중에 보고 들은 견문 등의 체험에다 감상 등을 여정에 따라 기록한다. 여행지에서의 새로운 풍경을 만나고 체험을 통해 발견한 뜻있는 주제나 의미를 담는다. 여행의 감흥을 어떻게 쓸까? 언제, 어디를 거쳐 여행을 했는가하는 여정과 무엇을 보고 들었는가하는 견문을 쓴다. 그 지역만의 색다른 특색을 담아내야 하며 어떤 생각을 하고, 무엇을 느꼈는가의 감상을 쓴다. 이때 감상은 자신만이 느낀 독특한 느낌을 구체적으로, 생생하게 적는다. 그래야만 읽는 사람도 함께 여행을 하는 것처럼 느낄 수 있다.

기행문은 여행한 경험을 처음-중간-끝의 구조로 하여 여행 목적, 여행을 하며 느낀 것, 보고 들은 것 등을 적으면 된다. 하루의 생활에서 보고 듣고 느끼고, 경험했던 일을 기록하는 일기 형식, 특정한 상대에게 여행한 경험을 쓰는 편지 형식, 자신이 직접 보고 느끼고 체험해 본 사회·문화적 특성을 쓴 에세이 형식 등으로 쓸 수 있다.

다음 감성의 수필 한 편을 읽어 보자.

아름다운 소리들

손광성

소리에도 계절이 있다. 어떤 소리는 제철이 아니면 제 맛이 나지 않는다. 또 어떤 소리는 가까운 곳에서 들어야 하고 다른 소리는 멀리서 들어야 한다. 어떤 베일 같은 것을 사이에 두고 간접적으로 들어야 좋은 소리도 있다. 그리고 오래 전에 우리의 곁을 떠난 친구와도 같이 그립고 아쉬운 그런 소리도 있다.

흔들리는 아지랑이 속으로 아득히 비상하던 종달새의 가슴 떨리는 소리는 언제나 꿈, 사랑, 희망과 같은 어휘로 우리의 가슴을 설레게 한다. 상아빛 건반 위로 달려가는 피아노 소리는 오월의 사과꽃 향기 속으로 번지고, 이발사의 가위질 소리는 나른한 졸음에 금속성의 상쾌함을 더한다. 이런 소리들은 초여름의 부드러운 대기 속에서 들을 때 더 아름답다.

대체로 청각은 시각보다 감성적이다. 그래서 우리의 영혼에 호소하는 힘이 크다. 때로는 영적이며 계시적인 힘을 지니기도 한다. 향기가 그러하듯 소리는 신비의 세계로 오르는 계단이요, 우리의 영혼을 인도하는 안내자가 된다.

그만큼 소리와 향기는 종교적이다. 신자가 아니면서도 성가가 듣고 싶어서 명동 성당에 들어가 한참씩 차고 딱딱한 나무 의자에 앉아 있다가 돌아오곤 했다. 독경 소리가 좋아서 출가하고 싶은 충동을 느낄 때도 있다. 성가는 나의 마음을 승화시키고 독경 소리는 나의 마음을 비운다. 가을 하늘처럼 비운다.

개 짖는 소리와 닭 울음소리는 멀리서 들어야 한다. 새 소리를 들을 때도 그렇다. 온전히 깨어 있을 때보다 반쯤 수면 상태에서 들을 때가 행복하다. 풀잎에는 아직 이슬이 맺혀 있고, 아침 햇살은 막 퍼지려고 하는데, 창문 틈으로 들려오는 새들의 지저귐. 그 청아한 소리를 들으면서도 지난밤의 악몽에 시달릴 사람은 그리 많지 않을 것이다. 새 소리로 열리는 새 아침은 새 희망 속에 우리를 눈뜨게 한다.

봄이 꽃과 새들의 계절이라면 가을은 낙엽과 풀벌레의 계절이다. 낙엽이 굴러가는 소리와 풀벌레 소리는 언제나 우리에게 잠들 수 없는 긴 밤과 텅 빈 가슴을 마련한다. 겨울은 무채색의 계절. 자연은 온통 흰색과 검정으로 수렴된다. 하지만 소리는 그렇지 않다. 겨울에는 겨울만이 낼 수 있는 다양한 소리가 있다. 싸락눈이 가랑잎에 내리는 간지러운 소리와 첫눈을 밟고 오는 여인의 발걸음 소리. 이런 소리는 언제나 나를 향해 오는 것 같다.

소리 가운데 언제 들어도 좋은 소리가 있다. 부엌에서 들려오는 도마 소리와 반쯤 졸음 속에서 듣는 속삭임 소리가 그렇다. 그리고 여인의 치맛자락이 스치는 소리와 조용히 미닫이가 열리는 소리와 내 이름을 부르는 소리. 그리고 한때는 우리 가까이 있었지만 지금은 사라진, 그래서 영영 돌이킬 수 없는 그리운 소리들이 있다. 다듬이소리, 대장간의 해머 소리, 꿈 많던 우리들에게 언제나, '떠나라! 떠나라!' 외쳐대던 저 증기 기관차의 기적소리. 목이 잠긴 그 소리가 얼마나 우리의 가슴을 두근거리게 했던가.

한 떼의 갈까마귀들이 빈 밭에서 날아오를 때 내던 무수한 깃털들이 부딪치는 소리와 하늘 한복판을 유유히 지나가던 기러기의 아득한 울음소리.

이제 이 모든 소리들이 그립다. 돌이킬 수 없는 유년의 강물처럼. 우리 곁을 떠나 버린 옛 친구의 다정했던 목소리처럼 그렇게 그리운 것이다.

1 다음 소재 중에서 하나를 선택하여 한 편의 시를 써보자.

> 산, 꽃, 강, 별, 새, 안개, 길, 섬

2 한 편의 감상문을 써보자.(책, 영화, 드라마 등)

3 여행했던 기억을 되살려 기행문 한 편을 써보자.

제 7 장

디지털 글쓰기

1. SNS 글쓰기

〈영화 4편〉

'디스커넥트'(2003)
'전세계 24억 명이 당신을 지켜보고 있다!'는 포스터 카피에서 알 수 있듯 SNS를 통한 사이버 범죄의 실상을 적나라하게 그려낸 영화

'찌라시: 위험한 소문'(2014)
SNS 루머의 근원과 실체, 그리고 여론몰이의 위험성을 경고한 영화

'소셜포비아'(2015)
SNS에서 벌어진 마녀사냥으로 인한 죽음을 파헤치는 SNS 추적극

'너브'(2017)
더욱더 자극적인 미션을 수행할수록 팔로우가 늘어나는 실시간 SNS 서바이벌 게임을 그린 작품

스마트 폰의 개발과 활용은 현대인들의 사고와 생활 방식에 막강한 영향력을 끼치고 있음은 분명하다. 그 영향력은 앞으로 더욱 빠르고 강력한 힘으로 사회 변화를 주도할 것이

다. 인터넷이라는 열린 공간에 자신의 사적인 고민과 일상의 이야기를 공개하는 것에 대한 근본적인 거부감을 가지고 있는 사람들도 여전히 있지만 전 세계 불특정다수와의 무한한 소통과 간접경험의 확대는 거부감을 넘는 짜릿함을 선사한다. 이른바 '만인을 위한 만인의 글쓰기', '저자와 독자의 경계가 사라진 글쓰기'의 시대가 도래한 것이다.

하지만 금도를 넘어선 부작용들이 속속 등장하면서 SNS 글쓰기가 지닌 문제점도 위험 수위에 이르렀다. 정제되지 않은 글쓰기는 흉기보다 무섭다. 타인에게 씻을 수 없는 깊은 상처를 주기도 하지만 그 상처는 고스란히 글을 쓴 사람에게 돌아온다. 따라잡을 수 없을 정도의 빠른 변화 양상 속에서도 우리가 놓치지 말아야 할 것들이 있다. 새로운 글쓰기 방식으로 등장한 SNS 글쓰기에 대한 점검과 사유가 필요한 시점이다.

(1) SNS의 장점과 단점

장점 1. 인맥 확대 및 관계 형성

   ✓ 오프라인과는 달리 SNS는 인터넷을 통해 세계 모든 사람과 인맥을 형성하고, 그들과 관계를 형성할 수 있음.

   ✓ 이 메일만으로 계정을 쉽게 만들 수 있어 사용방법이 복잡하지 않은데다가, 지역적으로 국한 되었던 인맥이 다른 지역, 다른 나라까지 확대되어 더 다양한 사람들과 친구가 될 수 있는 기회를 제공해 줌.

장점 2. 지식습득과 정보수집의 기회 제공

   ✓ 스마트 폰 보급으로 SNS를 통해 시간과 장소의 제약 없이 빠르게 정보를 수집할

수 있게 되었음.

✓ 신속성, 이동성을 동시에 갖고 있기 때문에 빠른 정보전달이 가능해 짐.

✓ 이른바 1인 미디어의 기능을 가지고 있다고 볼 수 있음.

장점 3. 빠른 확산과 강한 영향력

✓ SNS를 통해 정보가 무척 빠른 속도로 확산이 되기 때문에 여론 형성 시 큰 효과가 있음.

✓ SNS의 정보는 실시간으로 현장 상황을 전달하면서 상상할 수 없을 정도의 파급력을 갖게 되어 그 영향력이 날로 커지고 있음.

✓ 많은 정치인들이 SNS를 활용한 정책 홍보와 선거 운동을 펼치는 것도 이러한 장점 때문.

단점 1. 개인정보 노출 및 악용

✓ SNS에서 사람들과 교류를 하다보면, 의도치 않게 자신의 개인정보가 원치 않는 사람에게 노출될 위험성이 항상 존재함.

✓ 또한 페이스 북 같은 경우는 자신이 글을 올린 장소를 알려주는 기능이 있어 자신의 위치정보가 노출이 될 가능성이 높음.

✓ 더불어 기업들이 자신들이 원하는 소비자를 찾기 위해 개인정보를 이용, 상업적으로 악용하는 경우도 있어 SNS의 가장 큰 단점으로 꼽히고 있음.

〈SNS를 통한 범죄 피해 현황 – 한국형사정책연구원(2014)〉

유형	세부 내용	피해율
성범죄	성희롱, 성매매 권유	7.6%
사기	피싱, 스미싱, 파밍, 가짜이벤트(fake offering), 고전적 금융사기	7.0%
스토킹	SNS 상에서 공포심이나 불안감을 유발하는 메시지를 반복해서 보내는 모든 행위	6.9%
사칭	일반인 사칭(성별, 소속, 지위를 속여서 활동), 연예인 등 유명인 사칭	4.3%
인격적 법익 침해	명예훼손 및 모욕, 허위사실 유포, 개인신상 정보 유포	1.8%

단점 2. 불분명한 정보의 확산

- ✓ SNS에서 퍼진 소문은 순식간에 확산됨. 그런데 만약 그 정보가 잘못된 정보라면 걷잡을 수 없이 왜곡된 사실들로 인해 많은 사람들이 피해를 볼 가능성이 높음.
- ✓ 때로는 왜곡된 정보를 아무런 검증 없이 활용하여 문제가 되는 경우도 있음.

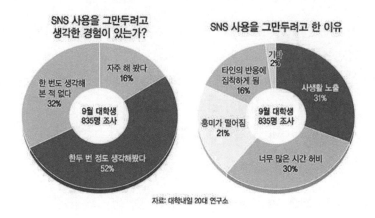

자료: 대학내일 20대 연구소

단점 3. 인간관계의 악영향

- ✓ 얼굴이나 목소리도 듣지 못하는 상태에서 글이나 사진만 올리게 되니 잘못된 의사소통으로 인한 오해가 확산되고, 오프라인보다 온라인 친구가 늘어나게 되면서 가벼운 관계가 유지됨.
- ✓ SNS에서 많은 친구가 존재하고 많은 사람과 글을 주고받는 것이 실재의 관계라는 착각을 하게 되는 경우도 있음.
- ✓ SNS 상의 친구관계를 중시하다 보면 오히려 현실 세계의 인간관계에 소홀하게 되면서 인간관계가 악화되는 경향도 있음.

(2) SNS는 "1인 미디어"

- ◆ 내 이야기를 일기장에 쓰듯 써서 인터넷 상에 올릴 수 있음. 하지만 SNS에 글을 올리는 순간 그 글은 나만의 것이 아니게 됨.
- ◆ 그렇기에 소셜 미디어에 올라간 글은 자신은 물론 누군가를 천국에 올리기도 하지만 지옥으로 떨어뜨리기도 함.

◆ 유명인뿐만 아니라 일반 직장인이라고 해서 여기서 예외는 아님. 특히 상사나 회사에 대한 불평불만은 자신에게 화살이 되어 날아오게 될 수도 있음.

◆ 소셜 미디어에 올라간 글 한 줄에 살고 죽는 세상, 바야흐로 SNS가 지배하는 세상.

◆ 20~30대 직장인들이 가장 많이 사용하는 SNS는 페이스 북. 페이스 북은 잘 활용하면 자신의 얼굴(face)을 제대로 알릴 수 있고, 알찬 정보가 담긴 책(book)이 될 수도 있음.

(3) SNS에서의 글 어떻게 써야할까?

낯선 사람들 앞에서 자신의 글을 낭독하고 청중들의 의견을 들어본 경험이 있는가? 쉽지 않은 일이다. 이처럼 현실 세계에서 좀처럼 경험하기 어려운 일이 SNS 시대에는 이미 일상적인 일이 되었다. 누군가가 쓴 글을 많은 사람들이 공유하고 그에 대한 다양한 의견들을 교환하며 그 속에서 즐거움을 느끼는 것이 자연스러운 시대이다. 다양한 방식으로 인터넷 곳곳에 올라오는 실명 혹은 익명의 글들은 글쓴이의 지인은 물론, 때때로 공간의 제약을 넘어 이름도 모르는 사람들과 공유되며 소통의 범위를 점차 넓혀나가기도 한다. 그야말로 '칼'보다 강한 '펜'의 위력을 실감하게 된다.

그렇다면 이러한 SNS에서의 글은 어떻게 써야할까? 소통의 방식에 따라 글쓰기 방식도 다양하겠지만 공통적으로 적용하여 생각해 볼 수 있는 몇 가지를 정리해 보자.

1) 소통'을 목적으로 시공간을 뛰어 넘어 '당신'과 '나'가 주고받는 메시지

글쓰기의 궁극적인 목적은 결국 독자와의 '공감과 소통'이라고 할 수 있다. 쓰기의 장(場)이 바뀌었다 하더라도 이는 변하지 않는다. 아날로그시대에는 상상조차 할 수 없을 정도로 빠르고 쉽고 광범위하게 글을 전달하는 SNS라는 도구가 등장했지만, 새로운 전달 도구의 등장이 글쓰기의 본질을 바꿀 수는 없다. 공감과 소통을 위해 가장 중요한 것은 글쓴이, 즉 '나'의 주체적인 사고와 그것의 표현이다. 그러므로 SNS라는 도구를 통해 드러내고자 하는 '나'의 생각을 더욱 성숙하게 다듬고 그것을 전달도구의 특성에 맞게 적절한 방식으로 표현하는 일이 SNS글쓰기의 출발점이다.

2) 핵심어를 간단하게 압축적으로 표현할 수 있는 전략 모색

SNS를 활용한 소통 방식의 가장 큰 특성은 '속도성'과 '양방향성'이라 할 수 있다. 그래서 게시되는 글의 분량(용량)을 제한하기도 하고 각종 기호(이모티콘)들이 문장을 대신하기도 한다. 긴 호흡으로 문장과 글 전체의 완성도를 높이기 위해 신중을 기해야 하는 보통의 글쓰기와는 다른 특성이다. 이를 위해서는 비교적 짧은 문장(단문) 안에 자신의 생각을 담을 수 있는 적절한 어휘(핵심어)를 찾는 것이 중요하다.

3) 하지만 기본적인 문장표현 능력과 사고력을 기르기 위한 노력은 반드시 필요

핵심정보의 전달을 위해 압축적인 표현이나 각종 기호(이모티콘)를 사용하다 보면 우리말의 기본적인 문장표현 능력이 결여되어 우리말 문장을 오염시키기도 한다. 또한 지나친 언어의 축약이나 기호의 사용은 우리의 사고를 매우 파편적이고 충동적으로 이끌기도 한다. 압축적인 글쓰기에 치중하다 보면 언어의 파괴와 사고 능력의 저하가 내재화될 가능성이 높다는 의미이다. 따라서 자신의 생각을 갈고 다듬어 이를 올바른 문장으로 표현할 수 있는 능력을 갖추었을 때 SNS의 장점이 더 빛을 발할 것이다.

(4) SNS에서의 소통 기술

1) 독자를 분명히 하자(이야기할 대상을 정하자)

① SNS에서 관계를 맺은 '친구'는 최소한 내가 선택한 사람들임. 대화는 상대방이 누구냐에 따라 그 내용이 달라지는데 만약 그 '친구'가 학교 동창, 직장 동료, 사회 지인 등 특정 그룹으로 제한적이라면 상관없지만, 여러 그룹의 친구가 섞여 있다면 주로 누구와 이야기할지 그 대상을 정하는 것이 좋음.

② 내 이야기에 나이, 성별, 직업 불문하고 모두가 공감하기는 어려움. 특히 페이스 북에서는 먼저 동창, 동료, 지인, 사회 지도자 등 여러 그룹 중에 하나를 선택해서 그들이 나에게 무엇을 기대할지 생각해 보고, 나는 그들에게 어떤 모습을 보여주고, 어떤 생각과 가치를 줄 수 있을지 떠올려 봄.

③ 그러면 이야깃거리가 어느 정도 구체화되고, 그에 맞게 어투도 바뀌게 됨. 예를 들어 30대 직장 동료를 마음 속에 두고 그들을 대상으로 글을 쓰면서 10대들이 즐겨 쓰는 은어나 이모티콘을 남발하면 반응은 썰렁할 게 뻔 함.

④ 구체적인 대상을 염두에 두고 글을 쓰면, 글의 내용과 형식을 정하기가 쉬워짐.

2) 자신의 느낌을 잘 정리하여 솔직하게 전하자

① SNS에서 공감이 되고 잘 퍼지는 글은 객관적인 '사실'이 아니라 본인의 '느낌'을 쓴 글임. 음식이나 날씨, 여행, 취미 활동, 직장 생활 등을 이야기하면서 나만의 생각이나 느낌을 들려주는 것이 좋음.

② 소셜 미디어는 기본적으로 재미와 흥미를 위한 공간이기에 즐겁고 긍정적인 표현을 자주 하는 것이 좋음.

③ 특히 글은 말과 달리 표현을 잘 해야 함. 별 생각 없이 페이스 북에 쓴 글이 누군가에게 오해를 불러일으키거나 상처를 입힐 수 있기 때문.

④ 말을 가려서 하고, 글을 공개하기 전에 여러 번 곱씹어 고민해야 함. 무심코 던진 돌에 개구리가 맞아 죽는다는 것을 걸 잊어서는 안 됨.

3) 정중하고 쉬운 말을 사용하자

① 모든 SNS에는 정중하고 정돈된 말투를 쓰는 것이 좋음.

② SNS는 개인의 일기장이 아니라, 누군가와 대화를 하는 것이기 때문.

③ 이 대화의 대상에는 나보다 윗사람도 있고 심지어 상사도 있을 수 있음.

④ 따라서 SNS에 글을 쓸 때에는 이해하기 어려운 농담이나 속어, 은어는 쓰지 않는 것이 좋음.

⑤ 회사에서 자주 사용하는 전문용어는 가급적 피하고, 굳이 써야 한다면 친절하게 풀어서 써주는 배려가 필요함.

4) 알찬 정보와 즐거운 재미를 나누자

① 다른 이의 페이스 북 등에 올라온 좋은 정보는 제비가 흥부에게 박씨를 물어다 주듯 적극적으로 친구들과 공유하는 것이 좋음.

② 즉, 콘텐츠 큐레이터가 되어야 함. 정보가 범람하는 요즘 세상에서 좋은 정보를 잘 고르는 것도 중요한 능력 중에 하나.

③ 좋은 글이나 사진을 공유할 때에는 그 이유와 내 생각, 느낌을 덧붙이는 것이 좋음. (검색만 하지 말고, 사색을 하자는 말)

④ 영혼 없는(?) 글이나 사진에 사람들은 한두 번 '좋아요'를 눌러주지만 이것을 정말 좋아하는 것으로 착각하고 매번 올리면 친구는 눈팅(다른 사람들이 써놓은 글을 읽

기만 하는 행위)만 하다 소리소문 없이 곁을 떠나게 됨.

5) 오해 받을 글과 사진은 피하자

① SNS 글은 개인적인 내용이라도 만천하에 공개되고 확산되기 때문에 조심해야 함.

② 직장 생활에 대한 불평이나 불만, 동료나 상사에 대한 뒷담화, 기업 비밀 등 쓸데없는 말로 부정적인 평판을 얻지 않도록 해야 함.

③ 또한 편향된 종교, 성희롱, 욕설 등으로 분란을 일으키는 것도 금물. 이 같은 내용을 올릴 때에는 나와 생각이 다른 사람들로부터 공격받을 각오를 해야 함.

④ 그리고 술에 취하거나 지나치게 감상에 빠진 상태에서 올바른 판단이 어려울 경우에는 글은 물론 사진이나 동영상도 올리지 말아야 함. 쓰는 입장에서는 호기였겠지만, 보는 사람에겐 객기로 비춰질 수 있음.

6) 군더더기 없이, 비문 없이 글쓰기

① SNS 글은 무엇보다도 간결하게 핵심을 적는 것이 바람직함. 내용을 길게 적거나 장황하게 서술한 글을 끝까지 읽는 경우는 매우 드물기 때문

② 불필요한 군더더기 표현들은 과감하게 생략하여야 함. 특히 트위터의 경우에는 140자 라는 글자 수의 제한이 있기에 더욱더 압축적인 표현을 사용해야 함.

③ 일반적인 글에서와 마찬가지로 비문 없이 글을 쓰는 것이 필요함.

④ 비문은 독해를 가로막는 가장 큰 장애물임. (주어와 서술어의 호응, 문맥에 부적절한 어휘의 사용, 맞춤법에 어긋난 표현들의 빈번한 등장, 심한 띄어쓰기의 오류 등)

〈댓글 달기〉

다음 노랫말을 읽어 보자.

> 그렇게 남을 욕하고 짓밟아 줘야만 너의 존재가 행복해지니
> 얼마나 많은 사람이 고통을 받아야 너의 게임을 끝낼 수 있니
> 오늘도 먹일 찾아 헤매이겠지 진실은 필요 없어 너의 유희지
> 비열한 웃음으로 가득한 눈빛 익명의 가면 뒤에 숨어있는 너
> 그만해줘 미칠 것 같아 얼마나 더 괴롭혀야해
> 너의 그 말들이 오늘도 내 가슴을 도려내고 있어

그렇게 남을 욕하고 짓밟아 줘야만 너의 존재가 행복해지니

얼마나 많은 사람이 고통을 받아야 너의 게임을 끝낼 수 있니

너보다 행복한 것 같은 사람들

세상이 불공평한 것이라 느껴 오늘도 무차별한 증오를 보내

끝없는 열등감에 사로잡힌 너

그만해줘 미칠 것 같아 얼마나 더 괴롭혀야 해

– 출처 : 네미시스(2011) 정규앨범 중 '악플 (Feat. EVE 김세헌)'

SNS 글쓰기에서 '양방향의 소통'과 '속도성'을 가장 잘 드러내는 것이 바로 댓글이다. 자신의 글에 대한 독자들의 반응을 빠르게 확인할 수 있으며 의견 교환과 토론도 가능하다. 민주주의의 기본 원리인 자유로운 소통과 토론이 SNS라는 마당에서는 자연스럽게 구현되고 있다. 하지만 익명의 뒤에 숨은 무분별한 댓글들은 날카로운 쇳조각이 되어 사람의 목숨을 앗아가기도 한다. 실제 적지 않은 유명인들이 악성댓글로 인해 비극적이고 극단적인 선택을 하기도 했다. 댓글을 달기 전 반드시 다음의 사항들을 곱씹을 필요가 있다.

▶ 주어진 글의 주제와 정보를 정확히 파악해야 함
▶ 주어진 글에서 대상으로 삼은 범주와 방법과 같은 맥락에서 댓글을 달 필요가 있음
▶ 주어진 글의 범주나 글에서 다룬 방법론과 다른 부분을 제안할 필요가 있을 때에는 맥락을 고려하면서 그 필요성을 함께 언급해 주어야 함
▶ 불특정 다수를 상대로 이루어지는 글쓰기일지라도 반드시 언어예절을 지켜야 함

(7) 글쓰기와 대화의 원칙? SNS도 마찬가지!

● 페이스북, 블로그 등 SNS에 글을 잘 쓰기 위해서는 다른 사람이 쓴 좋은 글을 많이 보고, 내 생각을 잘 정리하고, 자주 써봐야 함.

● 글쓰기의 다독(多讀) · 다작(多作) · 다상량(多商量), 이 '삼다(三多) 원칙'은 SNS에도 여전히 유효

● SNS에 꾸준히 글을 쓰는 것은 또 다른 나를 발견하는 과정. 내가 아는 정보를 보기 좋게 정리해서 남에게 잘 전달하면 그 정보는 진정한 나의 지식이 되고 그 지식이 숙성되면 삶의 지혜가 됨.

- SNS 소통을 잘하기 위해서는 대화를 할 때와 마찬가지로 '친구'들 이야기를 잘 들어 주고 관심을 표현해야 함.
- 대화의 1.2.3법칙(1번 말하고, 2번 듣고, 3번 맞장구치라는 것)처럼 SNS에서 좋은 글을 보면 '눈팅'만 하지 말고 '좋아요'나 감사한 마음을 담은 말 한마디라도 남기는 것이 좋음.
- 설령 어떤 글이 나의 심기를 불편하게 하더라도 그 말이 틀린 것이 아니라 나와 생각이 다른 것이라고 받아 들여 불필요한 논쟁을 하기 보다는 다양성을 이해하는 계기로 삼는 것이 좋음.

SNS 글쓰기의 기본 자세

▶ 도구가 아닌 관계 맺기에 대한 노력
▶ 가상의 상대방과 소통하기 위한 노력
▶ 인터넷 너머 인간의 모습을 생각하는 진정성
▶ 가상 세계와 현실 세계를 구분할 수 있는 이성적 사고
▶ 자신의 글이 불특정 다수에게 언제나 어디에서나 항상 공개될 수 있다는 전제
▶ 한 번의 실수가 큰 사회적 파장을 일으키거나 지울 수 없는 기록으로 남기에 신중함을 잃지 말아야 함
▶ 축약된 글쓰기의 형태가 언어의 파괴나 사고 능력의 저하로 이어질 수 있음을 자각해야 함

✎ 연/습/문/제

※ 다음 기사문을 읽고 질문에 대한 자신의 생각을 정리해서 적어 보시오.

기사 1

가짜뉴스 동력은 '내편 네편 프레임' … 미국 · 유럽도 비상

가짜 뉴스를 확산시키는 원동력은 '네 편 내 편'으로 편을 가르는 '프레임'이다. 나에게 유리하면 '카더라' 수준의 소식도 검증 없이 뉴스로 취급된다. 윤태진 연세대 커뮤니케이션대학원 교수는 "자신의 편견을 강화하는 정보만 수용하려 드는 '확증편향'이 가짜 뉴스가 창궐하는 가장 큰 원인이다"고 말했다.

최신 뇌과학 연구도 이런 설명을 뒷받침한다. 미국 서던캘리포니아대 조내스 캐플런 박사는 실험 대상 40명에게 그들의 정치적 · 비정치적 신념과 반대되는 증거를 제시한 뒤 이들의 뇌를 스캔했다. 실험 결과 정치적 신념과 반대되는 증거를 봤을 때에만 뇌에서 개인 정체성을 관장하는 부분이 활성화됐다. 정치적 신념이 개인 정체성의 일부라는 의미다. 캐플런 박사는 '사이언티픽 리포트'에 실린 논문에서 "정치적 신념이 도전받았을 때 뇌는 외부 세계와 단절 · 고립되는 방향으로 작용한다"고 설명했다.

뉴스 소비 방식도 가짜 뉴스 확산과 관계가 있다. 언론진흥재단이 펴낸 『2016년 인터넷 언론 백서』에 실린 설문조사에서 "SNS에서 읽은 뉴스의 브랜드를 알고 있다"고 답한 이는 23%였다. 출처의 신뢰성을 따져보는 이는 네 명 중 한 명에도 못 미쳤다. 지난해 미국 스탠퍼드대 교육대학원은 이 현상을 실험했다. 연구팀은 고등학생 170명에게 '후쿠시마 원전 주변의 꽃'이라는 가짜 뉴스와 기형적으로 핀 세 송이의 들국화를 보여줬다. 기사가 실린 사이트의 이름은 'imgur'이었다. 뉴스 내용과 출처가 의심스러웠지만 이를 지적한 학생은 20%에 불과했다. 상당수 사람이 제목이나 표현 방식 등 형식 요건만 갖추면 진짜 뉴스라고 믿을 가능성이 크다는 의미다. 지난해 미국 대선에서 SNS에서 가짜 뉴스가 공유된 횟수(870만 건)가 주류 언론(730만 건)을 앞지른 데는 이런 행동 패턴이 영향을 줬다.

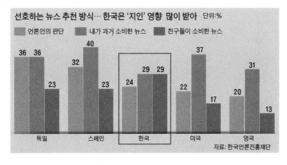

자신의 신념과 일치하는 정보만 받아들이고 그렇지 않은 정보는 무시해 얻게 되는 편견. 영국 심리학자 피터 웨이슨(Peter Wason)이 1960년에 처음으로 이 용어를 사용했다.

－ 출처 : 『중앙일보』, 2017.02.13.

기사 2

입맛에 맞는 뉴스만 편식 … "틀딱" "좌좀" 자극적 표현 난무

안도경 서울대 정치학과 교수는 "자신이 믿는 내용을 진실이라고 확인받으려는 '확증편향' 형태로 뉴스를 소비하는 이들이 늘고 있다. SNS 등을 통한 뉴스 소비가 늘어나면서 심화한 현상으로, 보고 싶은 것만 보는 뉴스 편식의 결과다"고 말했다. 노인을 헐뜯는 '틀딱(틀니 딱딱)'이나 좌파적 성향의 집회 참가자를 비하하는 '좌좀(좌파 좀비)' 같은 극단적인 표현이 온라인에서 횡행하는 것도 이와 무관치 않다.

모바일 미디어 세상은 '열린 공간' 같지만 실제는 폐쇄성이 짙다는 게 전문가들의 분석이다. 박선희 조선대 신문방송학과 교수는 "SNS에서 마음에 들지 않는 사람은 '언팔로' 등으로 배제하면 그만이다. 결국 비슷한 취향이나 성향의 사람들만 남는다"고 말했다. 이런 점은 이스라엘 텔아비브대가 1103명을 대상으로 한 연구에서도 확인된다. 2014년 가자지구를 둘러싼 분쟁이 발생했을 때 16%는 정치적 견해가 다르다는 이유로 페이스북 친구 관계를 끊었고 19%는 끊기 직전까지 갔다. 특히 한국은 같은 견해를 가진 지인을 통해 뉴스를 접하는 경우가 상대적으로 많다. 2012년 SK컴퍼니의 설문조사에서 64%가 "SNS에서 나와 비슷한 생각이나 의견을 주로 듣는다"고 답했다. 언론진흥재단의 '2016 인터넷 언론백서'에 따르면 국내 뉴스 소비자 중 "친구들이 소비한 뉴스를 본다"는 응답자가 29%로 영국(13%)이나 미국(17%)보다 많았다.

뉴스 소비자들의 선택권이 커지면서 '정제된 보도'를 추구해온 정통 미디어들도 단순 속보와 화제성 기사의 비중을 늘려가고 있다. 최진봉 성공회대 신문방송학과 교수는 "중심을 잡아야 할 정통 미디어들조차 선정적이고 현상 위주의 보도를 해 시민들의 뉴스 편식을 부추기고 있다. 다시 저널리즘 본연의 가치에 집중해야 한다"고 지적했다. 이준웅 서울대 언론정보학과 교수는 "시민들도 의심스러운 뉴스를 걸러낼 수 있는 능력을 키울 필요가 있다"고 말했다.

－ 출처 : 『중앙일보』, 2017.02.13.

1 최근 우리사회에서 SNS를 통한 '확증편향'적인 뉴스 소비 행태의 예를 찾아서 정리해 보시오.

2 SNS 상의 편향된 뉴스의 생산과 소비를 막기 위한 대안은 무엇이 있을지 생각해 보고 중심생각을 담은 한 문단을 작성해 보시오.

2. 이 메일(e-mail) 쓰기

현대 사회에서 이 메일은 중요한 소통의 도구이다. 대학생활에서도 학생과 학생, 학생과 교수, 학생과 교직원 등 학내 구성원 사이에서도 자주 오간다. 때로는 과제를 교수의 이 메일로 직접 보내는 경우도 있을 수 있다. 아래의 이 메일은 실제 학생들이 제출한 글이다. 어떤 차이가 있는지 살펴보자.

만약 위의 두 메일을 직접 수신한 당사자인 교수의 입장이 되어본다면 어떤 기분일까? 이 메일은 이제 가벼운 내용을 담은 쉽고 편리한 소통 도구로서의 단순한 기능에 머물지 않는다. 어느 순간 자신의 됨됨이와 경쟁력을 간접적으로 드러내는 역할을 하기에 이르렀다.

특히 대학을 벗어난 직장생활에서 그 중요성은 더욱 커지고 있다. 대부분의 업무가 전산화되면서 온 라인을 통한 보고와 의견교환, 의사결정이 자연스럽게 이루어진다. 이 메일 작성에 대한 기본을 아는 것은 비단 대학생활 뿐 아니라 성공적인 사회생활을 위한 기본소양이라 할 수 있다.

(1) 이 메일 작성의 기본 원리

1) 편지 쓸 때의 정성으로 써야 한다.

이 메일은 편지에서 태어났다. 즉 '메일'은 '편지'의 일종인 것이다. 편지는 특정한 사람을 대상으로 하기에 상대에 대한 정성과 배려가 담겨야 한다. 일정한 형식도 지닌다. 그래서 조선시대 선비는 서신을 쓸 때 어려운 서체를 쓰지 않고 정자체만을 고집했다고 하는데 이는 상대가 읽기 쉽게 하려는 마음이 배어 있는 것이다. 이 메일에도 바로 이런 편지의 아날로그적 따뜻함을 접목시킬 필요가 있다. 이를 위해서는 우선, 수신자 이름을 자주 불러줘야 한다. 과거에는 편지 쓸 때 응당 '아버님 전(前)상서(上書)', '선생님 전 상서' 등으로 상대를 호명하며 시작했다. 이제는 이 메일 수신인 칸이 이를 대신하고 있지만 본문에서 다시 불러주면 수신자와의 정서적 거리를 가깝게 할 수 있음을 명심하자. 편지 글처럼 상대에게 말하듯이 상대가 앞에 있다 생각하고 정감 있게 느낌을 담아 쓰는 것이 좋다. 아울러 글 내용에 정성을 다해야 한다. 이 메일을 보면 보낸 사람의 성격과 인품, 간절함과 표정이 보이기 마련이다.

2) 간결하게 작성하는 것이 핵심이다.

스크롤의 부담을 최소화하는 게 좋다. 즉 마우스를 움직이지 않고 한눈에 읽을 수 있는 분량이면 바람직하다. 만약 이게 여의치 않으면 적어도 A4 용지 한 장 분량 정도로 정리하는 것이 좋다. 짧게 작성하면서도 받는 사람이 궁금한 점이 없도록 해야 한다.

이 메일을 간결하게 작성하려면 서두에 용도와 목적을 밝히는 게 좋다. 첫 단락에서 전체 내용을 파악할 수 있도록 작성해야 하는 것이다. 그렇지 않으면 수신자가 끝까지 읽지 않을 확률이 높아진다.

3) 목적이 분명하고, 그에 충실하게 작성해야 한다.

메일을 왜 보냈는지, 받는 사람이 무엇을 해주기 바라는지 명확해야 한다. 보내는 사람 스스로 핵심메시지를 한 줄로 요약할 수 있어야 한다. 아울러 받는 사람이 참고만 하면 되는지, 결정해야 하는지, 선택해야 하는지, 숙지해야 하는지, 행동해야 하는지를 분명히 알 수 있게 작성해야 한다. 이 메일을 보내는 목적은 수신자가 무엇인가를 하게 하는데 있다. 그 '무엇'에 해당하는 내용이 반드시 포함되어야 한다. 메일을 아무리 읽어보아도 '도대체 이 사람이 나에게 원하는 게 무얼까?'를 생각하게 한다면 그 메일은 아는 사람이 보낸 '스팸메일'과 다름없다.

(2) 경쟁력 있는 이 메일 작성법

하나. 이 메일 주소로 나를 알려라!

- ✓ 각 대학에는 공식 이 메일 계정이 있다. 대학의 구성원이라면 누구나 신청하여 사용할 수 있다. 이 메일 주소만으로도 누가 보냈는지 바로 확인할 수 있도록 하는 것이 좋음. (0000@kongju.ac.kr)
- ✓ 또한, 어딘가에 지원·응모하는 경우 너무 튀는 메일 주소는 오히려 불필요한 오해나 안 좋은 첫 인상을 줄 수도 있음을 명심할 것. (예- monster97@~~, killingmachine1998@~~~~, sexyguy88@~~~~ 등)

둘. 개봉률 100%, 제목에 내용을 담아라.

- ✓ 메일의 제목만 보고서도 내용을 알 수 있도록 메일 제목에 신경을 쓴다.
- ✓ "안녕하세요" 또는 "확인 바랍니다" 등의 제목은 내용을 파악하기 어려워 자칫 스팸 메일로 오해할 수도 있음.
- ✓ 중요하고 긴급한 메일일수록 결정 사안이나 확인되어야 할 사안을 제목에 넣는 것이 좋음.

셋. 첨부 파일은 내용보다 먼저!

- ✓ 급한 메일을 쓰다 보면, 간혹 첨부 파일을 붙이지 않고 보내는 경우가 있어서 당황하게 됨. 따라서 메일을 작성할 때 반드시 문서를 제일 먼저 첨부한 후 내용을 쓰면 실수를 줄일 수 있음.

- ✓ 또한, 첨부 파일이 있는 경우 파일이 첨부되어 있음을 반드시 내용에서 알려주는 것이 좋음.

넷. 수신(to)과 참조(cc), 그리고 숨은 참조(bcc)의 비밀은?

- ✓ 말 그대로 수신인(to)은 답변을 기대하는 사람. 참조인(cc)는 수신자 외에도 내용을 숙지하고 있어야 할 사람. 답변의 의무는 없지만, 도움이 될 만한 내용이 있다면 회신해도 좋음.
- ✓ 숨은 참조인(bcc)는 수신인에게는 알리지 않고 다른 누군가에게 메시지 내용을 보내고 싶을 때 사용. 특히, 서로 잘 알지 못하는 경우에 메일 주소 등 개인정보를 보호할 수 있어 유용함.

다섯. 인사는 정확한 호칭과 자기소개로…

- ✓ 메일을 쓸 때는 제일 처음 상대방이 누가 보낸 메일인가를 확인할 수 있도록 '안녕하세요, ○○과 00학번 김○○입니다'라는 인사와 함께 간단한 자기소개를 해주는 것이 좋음.
- ✓ 이미 서로 알고 있는 사이라면 내용을 전달하기 전에 짧은 안부인사를 전하는 것도 필요함.

여섯. 메일마다 주제는 하나씩만!

- ✓ 하나의 메일에 여러 가지 주제를 한꺼번에 쓰는 것은 좋지 않음.
- ✓ 보낼 내용이 여러 개라고 해도 한 번에 모두 써서 보내지 말고 각각 다른 주제로 여러 개의 메일을 보내 놓으면 나중에 수신자가 내용 검색하기에도 편리함.

일곱. 핵심은 간략히, 두괄식으로! 올바른 문장으로 내 뜻은 명확히!

- ✓ 대부분의 메일은 핵심을 간략하게 먼저 쓰고, 다음에 그에 관한 내용을 풀어 쓰는 두괄식으로 표현하는 것이 좋음.
- ✓ 내용은 짧고 명료하게 쓰는 게 중요함. '생각됩니다', '판단됩니다', '예상됩니다' 등 피동형 문장은 책임 주체가 불분명하므로 이 메일에서는 적절하지 못한 표현.

여덟. 마지막은 언제나 친절한 서명으로~

✓ 이 메일의 끝에는 보통 연락처 정보를 담은 서명을 추가함. 서명에는 전화번호, 주소 등 받는 사람이 나중에 다시 연락을 취해야 할 때 필요한 정보를 담아 표시. 대부분 자동서명 기능이 있으므로 이를 잘 활용하면 편리함.

아홉. 전송하기 전, 확인은 필수!

✓ 보내기 버튼을 누르기 전, 다시 한 번 메일을 확인해 주세요! 먼저, 상대방의 이름이나 직급에 오타가 있는지 확인하고 내용 중에 누락되거나 틀린 글자는 없는지, 본문에 명시한 날짜와 시각이 맞는 지도 확인. 마지막으로 복사와 붙여 넣기를 했을 때 잘못 들어간 내용은 없는 지도 꼭 확인해야 함.

열. 답변 메일은 신속하고 정확하게~

✓ 상대방이 보낸 메일에 대한 답변은 빠른 업무 진행을 위해서 신속할수록 좋음.(24시간 이내)
✓ 메일에 대해 답변을 할 때에는 원문의 앞부분에 요약해서 답을 하는 것이 원칙이지만, 여러 개의 질문에 답을 해야 할 때는 원문을 다시 적고, 그 아래에 답을 달아 보내도 좋음.
✓ 이 메일은 빠르고 간단하게 메시지를 전달하면서도 읽는 사람이 쉽게 읽고 이해할 수 있어야 함. 빽빽하게 내용을 채우기보다는 중간중간 여백을 주면 좀 더 쉽게 읽을 수 있고, 중요 부분에 하이라이트로 강조해주면 좀 더 빨리 한눈에 내용을 파악할 수 있음.

(3) 이 메일 작성 시 주의할 점

① 온라인 통신언어나 은어(ㅎㅎ, ㅠㅠ, 꾸벅, 있슴다) 사용은 자제
② 개인 메일과 기관의 공식 로고가 찍힌 공식메일은 구분해서 사용하는 것이 좋음
③ 이 메일은 항상 공개 된다는 것을 가정하고 작성
④ 이 메일은 기록으로 남는다는 걸 유념할 것
⑤ 이 메일을 보내기 전 직접 찾아가 얼굴을 마주하며 이야기를 나누는 것이 더 나을지 항상 생각해 봐야 함.

1 친구에게 '감사' 또는 '사과'하는 내용의 이 메일을 작성하시오.

참고문헌

강수진 외, 『학술적 글쓰기 입문』, 인문과 교양, 2016.

공주대학교 기초융합교육원 교재편찬위원회, 『창의적 사고와 표현』, 공주대학교출판부, 2015.

김용석, 『일상의 발견』, 푸른숲, 2002.

남기심·고영근, 『표준 국어문법론』, 탑출판사, 2011.

남영신, 『글쓰기는 주제다』, 아카넷, 2014.

대학글쓰기 교재편찬위원회, 『대학 글쓰기의 이론과 실제』, 한국외국어대학교출판부, 2013.

바버라 베이크, 『하버드 글쓰기 강의』, 박병화 역, 에쎄, 2011.

박경래, 『디지털 시대의 글쓰기』, 박이정, 2011.

배상복, 『글쓰기 정석』, MBC씨앤아이, 2015.

_____, 『문장기술』, 랜덤하우스중앙, 2005.

배학수, 『누구나 쉽게 따라하는 글쓰기 교실』, 원앤원북스, 2011.

송백헌, 『문예창작의 방법과 실제』, 청동거울, 2006.

송재일, 『문장 기술의 이론과 실제』, 한림원, 2002.

유광수 외, 『비판적 읽기와 소통의 글쓰기』, 박이정, 2015.

유시민, 『유시민의 글쓰기 특강』, 생각의길, 2015.

이향아, 『창작의 아름다움』, 학문사, 2000.

이호철, 『살아 있는 글쓰기』, 보리, 1998.

임성규, 『글쓰기 전략과 실제』, 박이정, 2006.

임정섭, 『글쓰기 어떻게 쓸 것인가』, 경향BP, 2012.

원만희 외, 『비판적 사고 학술적 글쓰기』, 성균관대학교출판부, 2014.

장미영, 『백지공포증이 있는 대학생을 위한 글쓰기』, 북오션, 2010.

장순욱, 『글쓰기 지우고 줄이고 바꿔라』, 북로드, 2012.

정형근, 『생활인을 위한 실용적 글쓰기』, 글로벌사이버대학교, 2015.

정희모 · 이재성, 『글쓰기의 전략』, 들녘, 2005.

정희모 외, 『대학 글쓰기』, 삼인, 2008.

제임스 르쿨락, 『아이디어 블록』, 명로진 역, 토트, 2010.

조진호, 『21세기는 글쓰기가 경쟁력이다: 소통 중심의 Technical Writing』, 북코리아, 2011.

최규수, 『대학생을 위한 학술적 글쓰기의 실제』, 보고사, 2006.

최동호, 『인테넷시대의 시창작론』, 고대출판부, 2002.

한승원, 『한승원의 글쓰기 교실』, 문학사상사, 2004.

Lioyd Davis & Susan McKay, *Structures and Strategies*, Macmillan pub., 2002.

R.B. Axelrod & C.R. Cooper, *The St. Martin's Guide to Writing*, St. Martin's Press, New York, 1995.